SEGELN

Grundlagen, Techniken, Tipps und Tricks für Einsteiger

SIMON JOLLANDS

pietsch

Einbandgestaltung: Kornelia Erlewein

Alle Abbildungen stammen vom Autor mit den folgenden Ausnahmen:
Andrew Perris – 44, 46, 47, 48, 49, 50;
Caiaimage/Trevor Adeline/Getty – 104;
Freya Lister – 9, 12, 16t, 16bl, 18, 31, 33, 36, 38, 42r, 53, 54, 57, 60, 74, 79, 115; Kupicoo/Getty – 89b; Sunsail – 52t, 66;
WRESPhotography/Alamy – 80

This translation of »Go Sailing. The complete beginner's guide to getting afloat« is published by Verlag pietsch by arrangement with Bloomsbury Publishing Plc.

Deutsche Fassung: Hermann Leifeld

ISBN 978-3-613-50919-1

Ein Unternehmen der Paul Pietsch Verlage GmbH & Co. KG
1. Auflage 2021

Sie finden uns im Internet unter www.pietsch-verlag.de

Lektorat: Ulrike Ruh
Innengestaltung, Satz: tebitron gmbh, Gerlingen
Druck und Bindung: Replika Press Pvt. Ltd.
Printed in India

INHALT

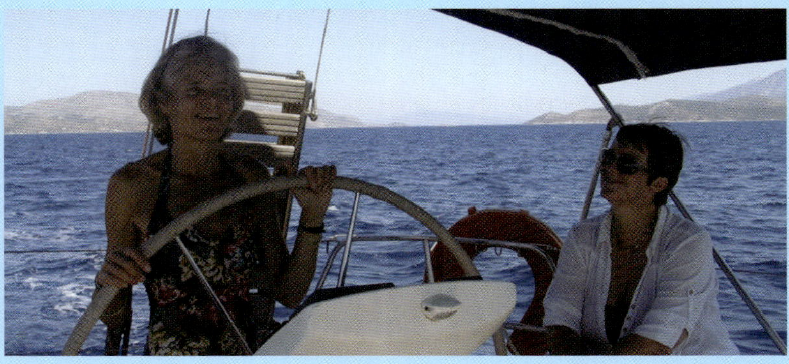

TÄTIGKEITEN AUF SEE *59*

NAVIGIEREN *81*

SICHERHEIT AUF SEE *105*

MARITIME BEGRIFFE *117*

STICHWORTVERZEICHNIS *127*

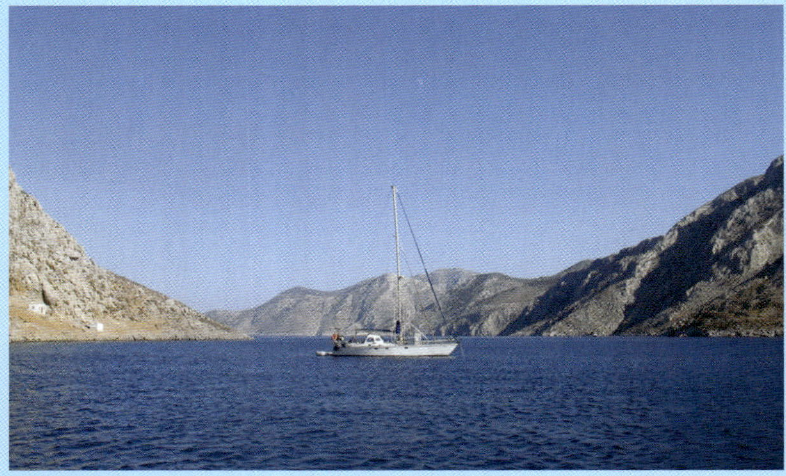

EINLEITUNG

Dieses Buch ist eine Einführung in die Grundlagen des Yachtsegelns für alle, die nur wenig oder gar keine Erfahrung mit diesem Sport haben. Wie kann es dem Leser helfen?

Ziel dieses Buches ist es, demjenigen, der nur wenig oder gar keine Erfahrung hat, zu helfen, die Grundlagen des Yachtsegelns zu erfassen, damit er sich auf See dann darauf konzentrieren kann, eine schöne Zeit zu verbringen.

Das Buch umfasst eine Menge an Informationen über die Teile eines Bootes und erläutert die vielen Tätigkeiten an Bord – vom Umgang mit den Leinen über das Heißen der Segel und die Bedienung einer Winsch bis zum Stecken von Knoten.

Wenn man die Theorie hinter all den Tätigkeiten und Funktionen kennt, ist man bestens vorbereitet, um auf See zu gehen und praktische Erfahrung zu sammeln, damit der eigentliche Spaß beginnen kann. Bald hat man dann das seglerische Können, um sich aktiv als Crewmitglied am Segeln zu beteiligen.

SEGELN IST EIN SPORT FÜR JEDEN

Das Schöne am Segeln ist unter anderem, dass es allen Menschen offensteht. Man kann in jedem Alter beginnen und sich, wenn man erst einmal die grundlegenden Dinge begriffen hat, in der eigenen Geschwindigkeit weiterentwickeln, um schließlich zu einem entspannten Fahrtensegler oder einem ergebnisorientierten Regattasegler zu werden.

Unabhängig von allen Erfahrungen und Erwartungen hilft dieses Buch dabei, den Anfang zu machen. Es behandelt eine Reihe von Themen wie die praktischen Fragen, was man anziehen soll und was man mitbringen muss, die Bedeutung all dieser merkwürdigen nautischen Wörter und Begriffe, worum es bei den Crewtätigkeiten geht und wie man auf See für Sicherheit sorgt.

Es geht hier zwar in erster Linie um das Yachtsegeln, aber für das Jollensegeln gelten die gleichen Prinzipien. Zwischen diesen unterschiedlichen Arten des Segeln gibt es eine Menge Gemeinsamkeiten, darunter Grundfunktion des Segelns, Art und Weise des Steuerns, Segeltrimm, Vorfahrtsregelungen, Leinenkunde, Knoten, Gezeiten und mehr.

Das Buch ist in folgende Hauptkapitel gegliedert:

LOS GEHT'S	*Worum geht es beim Segeln? Erste Schritte, darunter Mitgliedschaft in einem Verein, Segelkurse für Anfänger und Segeln im Urlaub.*
DER SEESACK	*Tipps zu Bekleidung, Schlechtwetterausrüstung und wichtige Dinge.*
DIE YACHT	*Informationen und Zeichnungen zu Bootsteilen über und unter Deck, Funktion der Segel, Benutzung der Toilette.*
BORDLEBEN	*Ge- und Verbote an Bord einer Yacht. Tipps gegen Seekrankheit.*
CREWTÄTIGKEITEN	*Die praktischen Seiten des Umgangs mit dem Boot, darunter Heißen der Segel, Aufschießen von Leinen, Stecken von Knoten und Bedienen von Winschen.*
TÄTIGKEITEN AUF SEE	*Segeln auf verschiedenen Kursen zum Wind, darunter Wenden und Halsen.*
NAVIGIEREN	*Einführung in traditionelle Navigationsmethoden mit Törnplanung, Verwenden von Papier- und elektronischen Karten sowie Informationen zu Wetter und Gezeiten.*
SICHERHEIT AUF SEE	*Erste Hilfe, Mann-über-Bord-Manöver, Brandschutz und persönliche Auftriebshilfen.*
MARITIME BEGRIFFE	*Glossar mit über 200 maritimen Begriffen und ihrer Bedeutung.*

Viel Spaß auf dem Wasser!

KAPITEL 01

LOS GEHT'S

Wo und wie fängt man mit begrenzter oder gar ohne jede Segelerfahrung am besten an, lernt Neues und hat möglichst viel Spaß dabei?

Es geht hier zwar im Wesentlichen um das Yachtsegeln, doch sollte nicht unerwähnt bleiben, dass es verschiedene Möglichkeiten gibt, mit dem Segeln an sich zu beginnen. Segelboote gibt es in einer schier unendlichen Vielzahl von Formen und Größen, von kleinen Jollen mit zwei Metern Länge bis zu seegehenden Yachten, die acht oder mehr Personen Platz bieten.

WANN IST EIN SEGELBOOT EINE YACHT

Segelboote können grob in drei Gruppen unterteilt werden:

Jollen – Kleine offene Boote mit verstellbarem (wie eine Flosse geformtem) Schwert, das nach unten ins Wasser ragt und für Stabilität sorgt. Es gibt sie in vielen Formen und Bauweisen, unter denen diejenigen mit breiten, tiefen Rümpfen allgemein am stabilsten sind. Diese Bootstypen werden oft für Training und gemütliches Kreuzen verwendet und sind die ideale Wahl für Familien. Jollen mit flachem Rumpf und wenig Tiefgang sind auf Hochleistung getrimmt und schwieriger zu segeln. Mehrrumpfboote haben, wie der Name schon sagt, mehrere Rümpfe und kommen überwiegend im Regattasport zum Einsatz; auch sie sind schwieriger zu segeln. Ihre Länge liegt typischerweise zwischen 2 und 5 m.

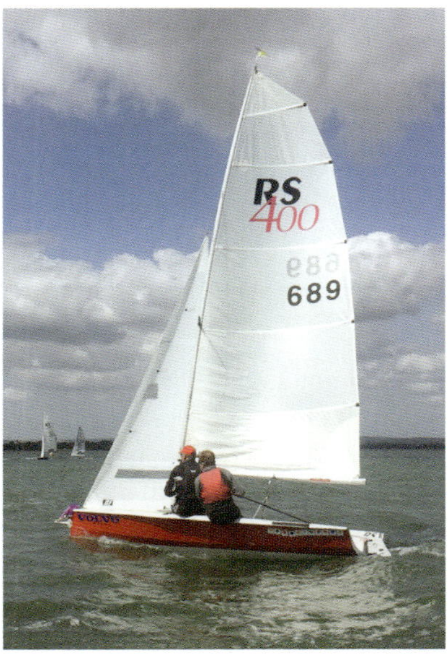

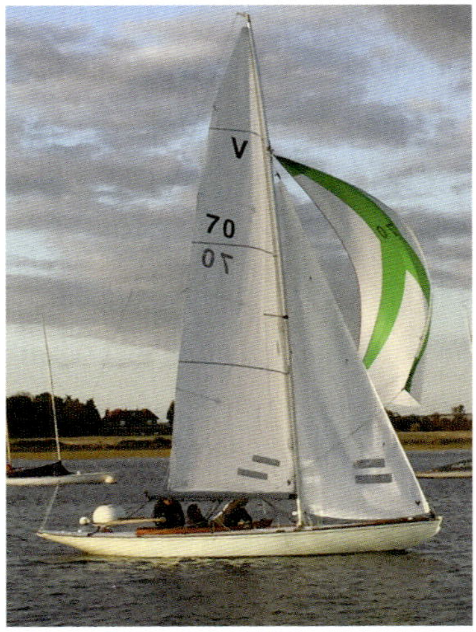

Kielboote – Offene Boote, größer und schwerer als Jollen, mit festem Ballastkiel, der für mehr Kentersicherheit sorgt. Hauptsächlich für Regattasegeln und Tagestörns verwendet. Physisch weniger anspruchsvoll als Jollen. Länge typischerweise 6 bis 9 m.

Segelyachten – Segelboote mit Kabine unter Deck als Schlaf- und Aufenthaltsraum. Verfügen neben Segeln meistens über einen Motor Die meisten Yachten sind als Motoryachten konzipiert, manche auch für Regatten. Diese Gruppe umfasst Einrümpfer und Mehrrümpfer (Katamarane und Trimarane). Segelyachten haben einen, manchmal auch zwei oder mehr Masten. Sie sind typischerweise zwischen 8 und 15 m lang.

WELCHE ART DES SEGELNS SOLL ES DENN SEIN?

Welche Art des Segelsports am ehesten in Frage kommt, hängt beispielsweise davon ab, ob man sich eher mit der Idee anfreunden kann, in einem kleinen Boot in Landnähe Regatten zu segeln, oder ob man mit einem offenen Boot Tagestörns in Küstennähe unternehmen will oder eher an längere Törns auf See denkt, in denen man ein paar Tage oder auch länger an Bord lebt.

- *Soll es ein Sportwettkampf mit hohem Adrenalinausstoß sein, bei dem man in einer Hochleistungsjolle durch die Wellen schießt?*
- *Oder möchte man lieber mit Freunden auf einer komfortablen Yacht idyllische Ankerplätze und perfekte Strände besuchen?*

Wenn es um das Adrenalin geht, schließt man sich am besten einem Verein an, lernt auf Schuljollen und nimmt an den Vereinsregatten teil. Wenn man erst einige Jollenerfahrung gesammelt hat, steht der weitere Weg in jeder Richtung offen – von kleinen offenen Booten bis hin zu seegehenden Rennyachten. Für alle, die eher auf entspanntes Segeln als Freizeitvergnügen abzielen, gibt es exzellente Anfängerkurse, die sich zunehmender Beliebtheit erfreuen. Bei Interesse an Yachtregatten dürfte es definitiv zu empfehlen sein, zunächst einmal ein paar Erfahrungen im Jollensegeln zu sammeln.

SEGELVEREINE

Viele Leute schließen sich zunächst einem Segelverein an, wenn sie mit diesem Wassersport beginnen wollen. Die Grundlagen des Segelns gelten für alle Segelboote, ob groß oder klein.
Auf einer kleinen Jolle zu lernen, bietet viele Vorteile, da die kleinen Boote leichter zu handhaben sind und schneller reagieren als Yachten. Man lernt dort die Grundfertigkeiten, die man dann auf allen anderen, größeren Booten anwenden kann.

TIPPS

- *Ein Segelverein ist ein guter Ausgangspunkt, weil man hier schnell Kontakt mit anderen Seglern bekommt.*
- *Am besten ist ein Verein, der sowohl Jollen- als auch Yachtsegeln im Angebot hat.*
- *Die meisten Vereine bieten Kurse im Jollensegeln für Anfänger, Fortgeschrittene und erfahrene Segler.*
- *Manchmal gibt es auf Bootsausstellungen und -messen die Möglichkeit, das Segeln und andere Wassersportarten unter Anleitung eines erfahrenen Lehrers auszuprobieren.*

YACHTSEGELN – ERSTE SCHRITTE

Auf einer Yacht ist das Segeln generell eine entspanntere Angelegenheit als auf einer Jolle, die körperlich größere Anstrengungen erfordert. Yachten liegen stabiler im Wasser und ihr schwerer Kiel verhindert das Kentern.

Mit einer gewissen Vorstellung von den verschiedenen Arten des Segelsports fällt der Anfang leichter.

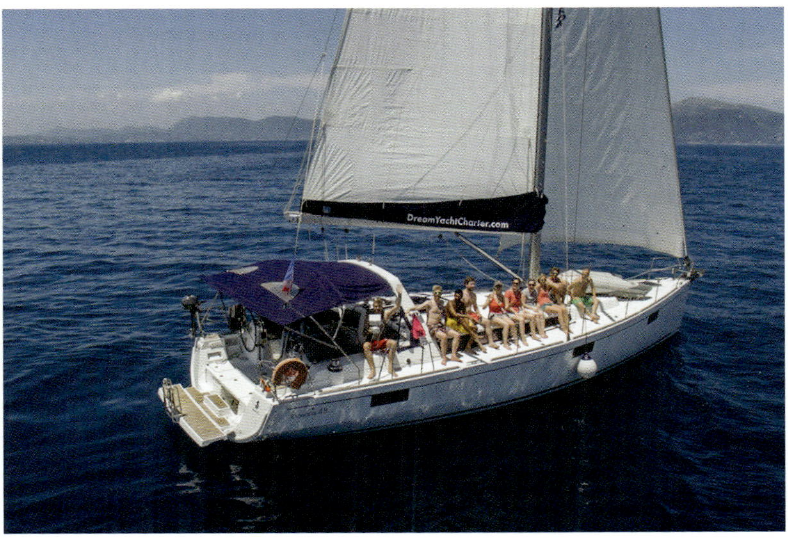

Wenn man Freunde oder Bekannte hat, die segeln gehen, kann man fragen, ob man vielleicht einmal mitkommen könnte, um ein Gefühl dafür zu bekommen, was Segeln bedeutet. Schon dadurch, dass man an Bord mit anfasst, erlernt man die grundlegenden Fertigkeiten.

Das Schöne am Segeln ist ja, dass man nie aufhört zu lernen. Sobald die Grundlagen gelegt sind, kann man seine Fertigkeiten und Kenntnisse im eigenen Tempo erweitern.

TIPPS

- *Am Anfang Schritt für Schritt vorgehen.*
- *Nach Möglichkeit verschiedene Arten des Segelns ausprobieren.*
- *Das Segeln ist eine sehr gesellige Aktivität, und es gibt viele begeisterte Segler, die beim Einstieg helfen.*
- *Man braucht sich nicht gleich zu einem Kurs anzumelden, sollte aber herauszufinden versuchen, welche Kurse überhaupt in Frage kommen.*

YACHTSEGELKURSE

Die Royal Yachting Association (RYA) ist die britische Dachorganisation für die meisten Wassersportarten; sie bietet eine Vielzahl von Kursen an ihren Schulen in über vierzig Ländern der Welt, darunter auch in Deutschland. Interessant sind die beiden Kurse »RYA Start Yachting« und »RYA Competent Crew«.

Start Yachting

Das ist ein zweitägiger Praxiskurs. Er ist ideal für absolute Anfänger ohne jede Erfahrung. Qualifizierte Lehrkräfte zeigen an Bord einer Yacht, wie man steuert und mit Segeln und Leinen umgeht, und erklären, was es mit Sicherheit auf See, Meteorologie und Vorfahrtsregeln auf sich hat. Man bekommt auf unterhaltsame Weise einen lohnenden Einblick in den Segelsport.

TIPPS

- *Manche Veranstalter von Segelurlaubsreisen bieten auch Segelkurse an – eine zunehmend beliebte Art, das Segeln zu lernen.*
- *Viele Yachtskipper benötigen Hilfe, aber die Mindestanforderung an potentielle Crewmitglieder ist in der Regel ein entsprechender Segelschein.*
- *Weiterführend gibt es bei der RYA unter Anderem die Kurse »Day Skipper«, »Coastal Skipper« und »Yachtmaster™«.*

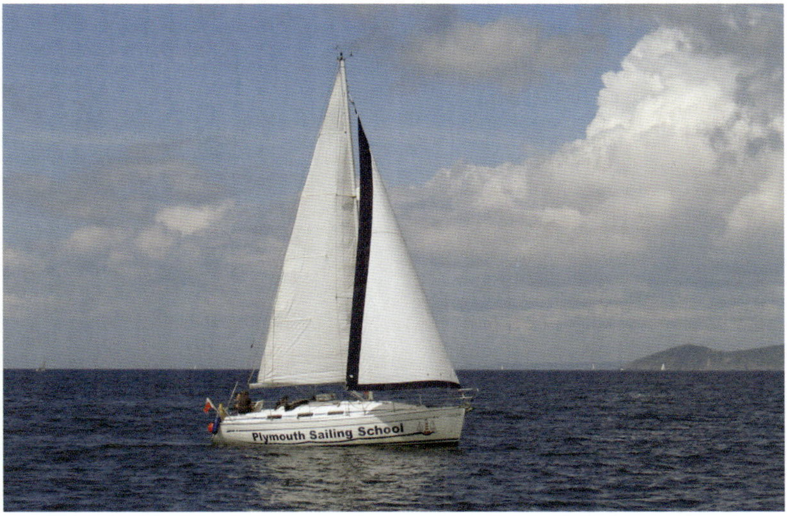

Der »Competent Crew«-Kurs der RYA bietet praktische Lernerfahrungen und ist eine ideale Einführung in das Yachtsegeln.

»Competent Crew«

Dieser Kurs ist ein guter Ausgangspunkt, auch wenn man keine vorhergehenden Kurse besucht hat und nur wenig vom Segeln kennt. Wie die Bezeichnung (»kompetentes Crewmitglied«) andeutet, sorgt der Kurs für gute Grundlagenkenntnisse und ermöglichst es dem Absolventen, mit Selbstvertrauen segeln zu gehen und sich aktiv am Umgang mit einer Yacht zu beteiligen.

Führerscheine in Deutschland

In deutschen Gewässern ist ein Führerschein bis auf wenige Ausnahmen (z. B. auf dem Rhein) erst ab einer Motorleistung über 15 PS erforderlich. Da aber die meisten Segelyachten mit stärkeren Maschinen ausgerüstet sind, braucht man einen der gesetzlichen Führerscheine bzw. den so genannten Charterschein, den man für führerscheinfreie Gewässer nach einer mehrstündigen Einweisung bei den Vercharterern bekommt. Für die führerscheinpflichtigen Gewässer und Boote mit stärkerer Motorisierung ist der Erwerb eines der amtlichen Führerscheine notwendig, des Sportbootführerscheins Binnen für die deutschen Binnenwasserstraßen und des Sportbootführerscheins See für die Seeschifffahrtsstraßen und den Küstenbereich bis hinaus auf drei Seemeilen Abstand von der Küste. Über diesen Bereich hinaus und für gewerblich genutzte Sportboote unter deutscher Flagge wird der Sportküstenschifferschein empfohlen. Für die Ausbildung unter Segel und Motor stehen zahlreiche Segelschulen zur Verfügung.

SEGELURLAUB

Wer eher abenteuerlich veranlagt ist, dürfte einen Segelurlaub mit Sicherheit als großartiges Erlebnis empfinden. Man kommt dabei mit Gleichgesinnten zusammen, die gern reisen, kann sich dem Druck des heutigen Lebens entziehen und neue Freunde gewinnen.

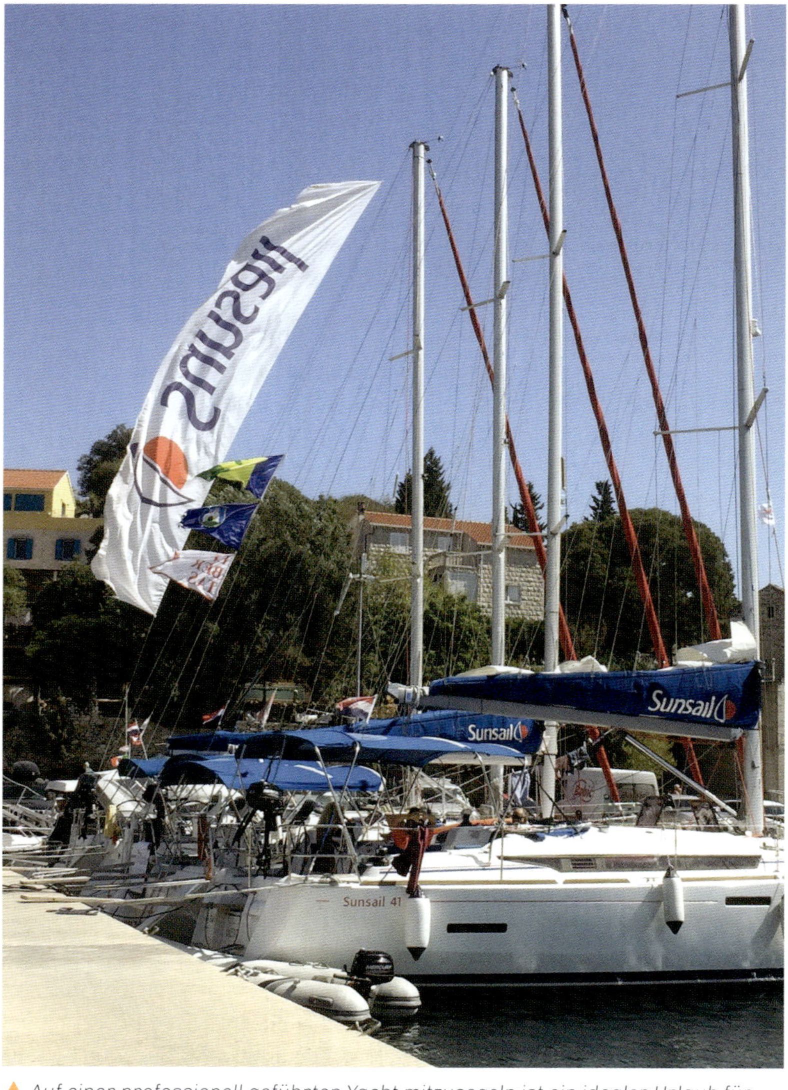

▲ *Auf einer professionell geführten Yacht mitzusegeln ist ein idealer Urlaub für jemanden, der nur wenig oder gar keine Erfahrung hat.*

BAREBOAT-CHARTER

Eine ideale Art des Segelurlaubs ist es, gemeinsam mit einer Gruppe von Freunden ein Boot zu chartern. Das nennt man dann Bareboat-Charter. Um eine Yacht bareboat zu chartern, muss der Skipper in den meisten Ländern einen entsprechenden nationalen Bootsführschein oder ein internationales Befähigungszeugnis (ICC) besitzen. Üblich ist auch, dass eine weitere Person an Bord ebenfalls ein entsprechendes Zertifikat oder eine gleichwertige Erfahrung besitzen muss.

Einer der Vorteile des Bareboat-Charterns besteht darin, dass man absolut frei ist, dorthin zu fahren, wohin man will, und den Urlaub im Detail zu planen, ohne sich in eine Flottille einfügen zu müssen, die sich an einen gemeinsamen Plan hält. Je mehr die Gruppe von Freunden vor einem solchen Urlaub gemeinsam unternimmt, desto besser, wenn man sich darauf einigen muss, wohin die Reise gehen soll. Zudem besteht die Möglichkeit, den Törnplan noch zu verfeinern, wenn man schon an Bord ist – man könnte ja beispielsweise eine traumhafte Bucht finden, in der man vor Anker gehen und einige Tage bleiben möchte.

Auch die Kenntnis der örtlichen Gegebenheiten ist es wert, einbezogen zu werden. Vielleicht entdeckt man ja einen Ort, an den die meisten Charterboote nie kommen. Es ist immer noch möglich, abgelegene Inseln zu finden und sie ganz für sich allein zu haben, selbst in der Hochsaison.

Man hat die Wahl unter vielen beliebten Zielen, darunter die griechischen Inseln, Kroatien, die Karibik, die schottischen Inseln und abgelegenere Gegenden wie Island und die Südspitze Argentiniens – ja, die ganze Welt wartet darauf, erkundet zu werden.

Für einen Segelurlaub ist in den meisten Fällen keine vorherige Erfahrung erforderlich. Manchmal ist bereits ein Segelkurs enthalten – eine großartige Möglichkeit, fachkundigen Unterricht zu erhalten und gleichzeitig fabelhafte Orte zu genießen.

Allein oder in der Gruppe?

Eine große Fahrtenyacht bietet Platz für eine Crew von acht Personen. Man kann sich also allein oder in einer Gruppe von Freunden anmelden. Viele Leute reisen allein und haben keine bis geringe Segelerfahrung. Mit einem Profiskipper an Bord besteht die Möglichkeit, das Ruder zu übernehmen, die Segel zu trimmen und bei der Navigation zu helfen. Erwartet wird normalerweise, dass man bereit und willens ist, gut mit den anderen Crewmitgliedern zurechtzukommen, die sich ja auch alle auf diese Erfahrung freuen.

Bevor man sich für einen Segelurlaub anmeldet, sollte man über einige Dinge nachdenken, die zwar selbstverständlich erscheinen mögen, aber nicht vergessen werden dürfen:

- Das Segelrevier prüfen. Beim Segelurlaub geht es nicht nur darum, auf See zu sein. In vielerlei Hinsicht sind es die Orte, an denen man Halt macht, die den Urlaub wirklich unvergesslich machen.
- Informationen einholen über die Wetterverhältnisse im Segelrevier zu der Jahreszeit, in der der Urlaub geplant ist. Ist das wettermäßig die beste Zeit? Wenn es die stürmische Jahreszeit ist, kommt ein anderes Reiseziel in Frage?
- Wie lange ist man zwischen den Zwischenstopps auf See?
- Segelt die Yacht allein oder in einer Flottille?

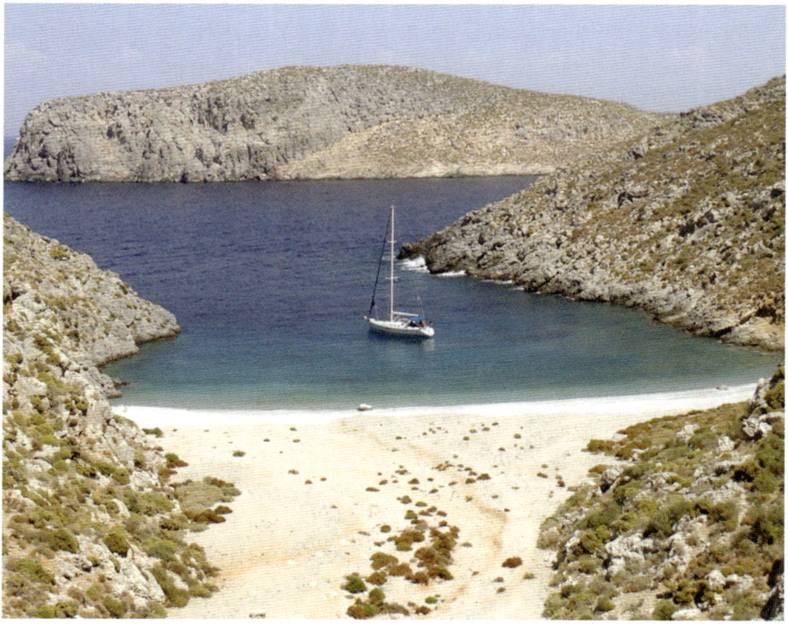

▲ *Kalymnos ist eine der unzähligen griechischen Inseln mit versteckten Buchten und Meeresarmen, die ideale Ankerplätze bieten.*

KAPITEL 02

DER SEESACK

Alles bereit zum Segeln, aber welche Ausrüstung muss dabei sein? Welche Bekleidung wird benötigt? Wie sieht es mit der Schlechtwetterausrüstung aus?

Für einen Tagestörn braucht man nur eine kleine Tasche, so dass die unten aufgeführten Dinge teilweise nicht notwendig sind. Wenn der Törn jedoch über ein Wochenende geht oder länger dauert, sollte man sich genau überlegen, was man mitnehmen muss. Yachten haben nur begrenzten Stauraum, daher ist es am besten, nur das Nötigste einzupacken.

Die meisten Charteryachten verfügen ebenso wie manche Privatyachten über ein bestimmtes Inventar. Am besten lässt man sich die Bestandslisten vor der Reise zeigen, da das die Auswahl der mitzunehmenden Dinge erleichtert. Wenn beispielsweise Schwimmwesten, Schlechtwetterausrüstung, Schwimmflossen und Schnorchel bereits an Bord sind, braucht man die eigenen nicht mitzunehmen.

CHECKLISTE FÜR DEN SEESACK

- *Am besten sind weiche Taschen, da die meisten Yachten keinen geeigneten Stauraum für Hartschalenkoffer haben. Für Familien sind kleinere einzelne Taschen besser als eine große Tasche im Familienformat.*
- *Kleine Beutel (wasserfest) sind zum Schutz von Wertsachen sehr nützlich.*
- *Kleidung (siehe Seite 17).*
- *Schlechtwetterausrüstung (siehe Seite 19).*
- *Handtücher – prüfen, ob welche vorhanden sind. Falls nicht, Mikrofaserhandtücher sind leicht, effizient und trocknen schnell.*
- *Toilettenartikel und Medikamente (siehe Seite 21).*
- *Kredit-/Debitkarten.*
- *Bargeld in Landeswährung.*
- *Reisedokumente, Reisepass und Führerschein.*
- *Auslandskrankenversicherungsnachweis.*

CHECKLISTE AUSRÜSTUNG UND GADGETS

- *Wasserdichte Etuis für Telefon/Tablet.*
- *Ladegeräte für elektronische Geräte. Ein 12-Volt-Ladegerät (Autoladegerät) zum Aufladen von Geräten an Bord ist eine gute Idee.*
- *Steckeradapter bei Reisen ins Ausland.*
- *Wasserdichte Tasche für die Kamera.*
- *Wasserdichte Stirnlampe oder kleine Handtaschenlampe.*
- *Ersatzbatterien.*
- *E-Reader/Bücher.*
- *Spielkarten.*

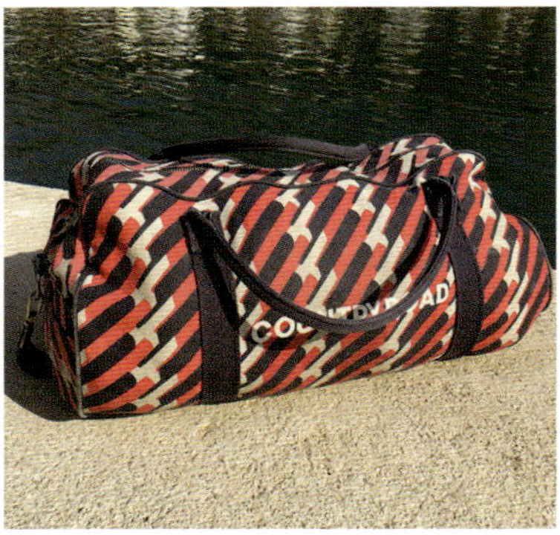

Eine weiche Reisetasche eignet sich am besten zum Segeln, da sie an Bord leichter zu verstauen ist als harte Koffer.

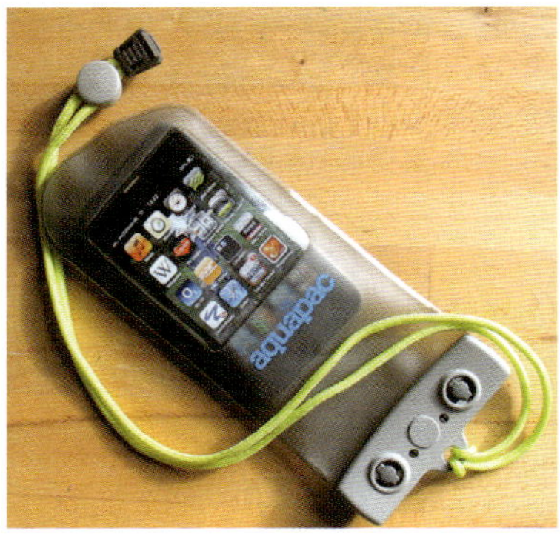

Es ist beim Segeln ratsam, einen wasserdichten Beutel für das Mobiltelefon mitzunehmen, am besten mit einer Trageschlaufe.

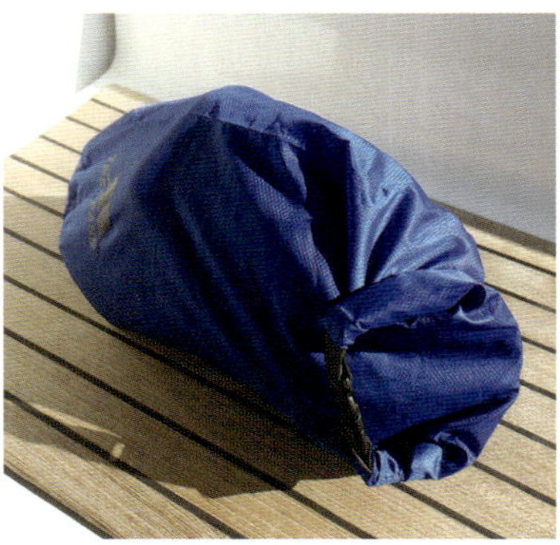

Ein kleiner, wasserfester Beutel ist sehr nützlich, um Wertsachen sicher und trocken aufzubewahren.

TIPPS

- *Vorab prüfen, ob genügend Sicherheitsausrüstung, Erste-Hilfe-Ausrüstung und Rettungswesten für alle Gruppenmitglieder vorhanden sind (kleine Kinder brauchen kleinere Westen als Erwachsene).*
- *Prüfen, wie die Stromversorgung aussieht und nachfragen, ob spezielle Adapter benötigt werden.*

BEKLEIDUNG

Was die Bekleidung angeht, so hängt viel von der Art des Segelns, der Jahreszeit und dem Reiseziel ab.

Wenn gelegentlich und nur im Hochsommer gesegelt werden soll, braucht man keine teure HiTech-Segelausrüstung. Wenn jedoch regelmäßig und bei jedem Wetter gesegelt werden soll, ist es sinnvoll, eine qualitativ hochwertige Ausrüstung zu kaufen, die den Körper auf dem Wasser trocken und warm hält. Das heißt, die Bekleidung hat eine wasserdichte Außenschicht, ist aber gleichzeitig atmungsaktiv, d. h., dass sich innen keine Feuchtigkeit ansammelt, die ein unangenehmes Gefühl hervorruft. Qualitativ schlechtere Kleidung bietet nicht den gleichen Schutz und Komfort und hält nicht so lange.

Sommertörns

Wenn man in der Sommersonne auf einen Segeltörn geht, stellt sich leicht das Gefühl ein, man bräuchte nur Shorts und T-Shirts. Dabei sind gerade in der Sonne zwei wichtige Faktoren zu beachten, nämlich erstens, dass die Meeresbrise es auf dem Wasser kühler macht, so dass leichte Fleece-Pullover und -Jacken anzuraten sind, und zweitens, dass man sehr leicht einen Sonnenbrand bekommt, weil der Wind die Haut kühlt und die Auswirkungen der Sonnenstrahlen kaschiert. Während also die Verwendung von Sonnenschutzmitteln immer zu empfehlen ist, tragen viele Segler zusätzlich leichte Sonnenschutzkleidung wie langärmelige T-Shirts und Hosen. Diese haben einen eingebauten UV-Sonnenschutz und bestehen aus leichten Stoffen, die schnell trocknen.

BEKLEIDUNG FÜR SONNIGES WETTER

- *Leichtes Fleece.*
- *Leichte, winddichte, wasserdichte und atmungsaktive Jacke.*
- *Leichte Sonnenschutzhosen und T-Shirts.*
- *Sonnenhut oder -mütze – idealerweise eine, die bei einer plötzlichen Bö auf dem Kopf bleibt.*
- *Sonnenbrille – Brillenbändsel empfohlen.*
- *Deck- oder Sportschuhe – rutschfeste Sohlen sind unerlässlich, keine Schuhe mit harten Sohlen.*
- *Leichte Segelhandschuhe für die Leinenarbeit.*
- *Sportliche Kleidung, die nicht gebügelt werden muss.*
- *Shorts und T-Shirts.*
- *Strandschuhe.*
- *Badebekleidung und Strandtuch.*

TIPPS

- *Wer sucht, findet auch qualitativ hochwertige Segelbekleidung zu günstigen Preisen.*
- *Auf Bootsmessen bekommt man oft preiswerte Schuhe und Bekleidung.*
- *Keine Scheu, den Skipper oder einen erfahrenen Crewkameraden zu fragen, welche Bekleidung man mitbringen sollte.*
- *Auf dem Wasser ist es kühler als an Land, und normalerweise ist der Wind stärker. Deshalb darauf vorbereitet sein, auch an Sommertagen zusätzliche Schichten anzuziehen.*

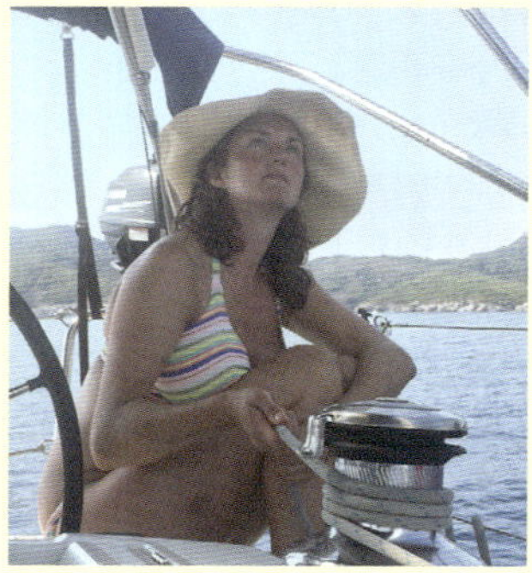

▲ *Beim Segeln holt man sich leicht einen Sonnenbrand, weil der Wind die Haut kühl hält. Deshalb ist es anzuraten, Hut und Sonnenschutzbekleidung zu tragen.*

Wintertörns

Im Winter und in kühleren Regionen hält eine Polypropylen-Basislage warm, trocken und komfortabel; winddichtes Fleece eignet sich je nach den Bedingungen ideal als mittlere oder äußere Lage.

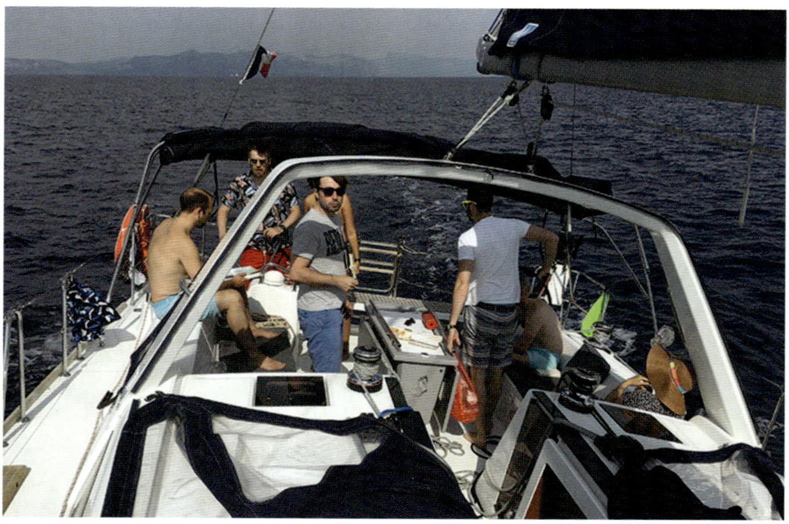

▲ *Man muss zum Segeln nicht unbedingt teure Ausrüstung kaufen. Es ist aber wichtig, Bekleidung mit Blick auf Sicherheit und Bequemlichkeit zu wählen, und zwar besonders Schuhe mit rutschfesten Sohlen für den Aufenthalt an Deck.*

BEKLEIDUNG FÜR KÜHLERE REGIONEN

- *Thermobasis.*
- *Warmer Hut plus Thermobalaclava, falls erforderlich.*
- *Segelhandschuhe – im Idealfall wasserfest und mit gutem Griff für die Leinenarbeit.*
- *Winddichtes Fleece.*
- *Segelhose aus schnell trocknendem Stoff.*
- *Segelstiefel.*
- *Stiefelsocken.*
- *Schlechtwetterausrüstung.*

SCHUHWERK

Qualitativ hochwertiges Schuhwerk auf dem Boot ist unerlässlich. Schuhe oder Stiefel müssen vor allem bei Nässe super griffig sein. Traditionelle Deckschuhe mit niedrigem Profil und nicht abfärbender Sohle sind gut, ebenso Segeltrainingsschuhe. Segelstiefel sind ebenfalls beliebt, aber die guten sind sehr teuer.

An warmen, trockenen, sonnigen Tagen laufen die meisten Segler am liebsten barfuß, was so lange in Ordnung ist, bis man sich die Zehen an einem Decksbeschlag stößt.

Zu meiden sind Standardturnschuhe mit ihrem tiefen Profil, in dem sich leicht Steinchen und anderer Schmitz festsetzen und dann das Deck zerkratzen.

SCHLECHTWETTERAUSRÜSTUNG

Es gibt verschiedene Arten von wasserfester Bekleidung für alle Bedingungen, vom leichten Regenschauer in Küstennähe an einem Sommertag bis hin zu Gewitterstürmen, denen die besten Hochseesegler der Welt ausgesetzt sind. Segelbekleidung wird strukturell von Jahr zu Jahr besser und immer leichter, wärmer und

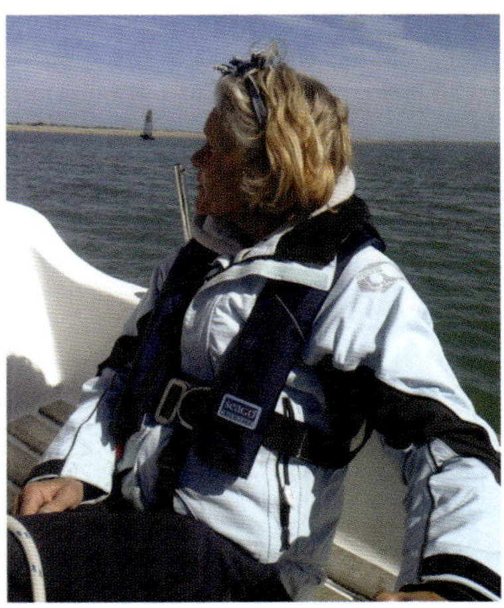

Immer daran denken, dass es auf dem Wasser kühler ist als an Land; deshalb ist es eine gute Idee, warme Kleidung dabei zu haben für den Fall, dass sie gebraucht wird. Eine leichte, winddichte Jacke kann sich auch an einem Sommertag als sehr nützlich erweisen.

trockener, was größtenteils durch die Entwicklung atmungsaktiver Stoffe ermöglicht wurde, die verhindern, dass sich innen Schweiß ansammelt. Wasserdichtheit und Atmungsaktivität sind die beiden Schlüsselfaktoren, auf die es zu achten gilt, und die Sportbekleidungshersteller konkurrieren darum, die bestmögliche Ausrüstung auf den Markt zu bringen.

TIPPS

- *Die beste Schlechtwetterbekleidung wird aus hochwertigem Gewebe hergestellt, das wasserdicht, aber auch atmungsaktiv ist. Leichtere, flexible Kleidungsstücke sind vorzuziehen, da sie die Bewegungsfreiheit weniger einschränken.*
- *Manche Yachten sind komplett mit Allwetterausrüstung für alle Personen an Bord ausgestattet. Vor der Abreise beim Skipper oder Vercharterer nachfragen.*

Wünschenswert ist auch, dass der Stoff dehnbar und elastisch ist. In der Vergangenheit wurde Schlechtwetterbekleidung aus steifem, schwerem Material hergestellt. Heutzutage ist die Ausrüstung eher vielseitiger und sieht auch abseits des Bootes nicht fehl am Platz aus. Die Spitzenausrüstung von Profi-Regattaseglern kann einem angesichts der Preise die Tränen in die Augen treiben und ist nur dann wirklich sinnvoll, wenn es um die Teilnahme an Hochseeregatten geht.

Die gute Nachricht ist, dass sich die Technik mehr in Richtung Standardbekleidung entwickelt, so dass auch Segler mit knappem Budget daran teilhaben können. Und wenn man sowieso nur in den Sommermonaten im Küstenbereich segeln will, sind leichte wasserdichte Kleidungsstücke alles, was man braucht. Beim Einkaufen sollte man sich auf atmungsaktive Bekleidung konzentrieren, da diese viel angenehmer zu tragen ist.

Segelstiefel mit rutschfester Sohle und atmungsaktivem Innenfutter sind ideal für Schlechtwetter, aber teuer. Nicht atmungsaktive Segelstiefel sind weitaus preiswerter und für den gelegentlichen Gebrauch ausreichend. Im Allgemeinen sind Segelstiefel für einen Urlaub in der Sonne nicht notwendig, aber bei nassem und kaltem Wetter die angenehmste Art von Schuhwerk.

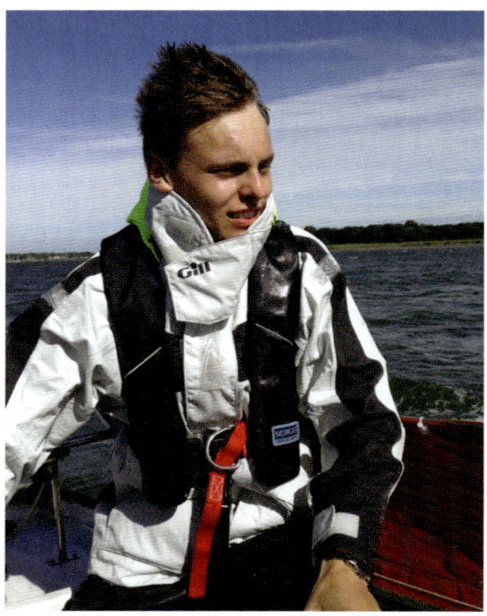

Auf Wind und Gischt sollte man selbst an den sonnigsten Tagen vorbereitet sein. Mehr als wahrscheinlich sind diese Erscheinungen bei einer starken Brise, wie es hier der Fall ist.

KÖRPERPFLEGE UND MEDIKAMENTE

Obwohl alle Yachten Erste-Hilfe-Sätze mitführen müssen, ist es letztendlich ratsam, einen eigenen kleinen Vorrat an Pflastern, antiseptischer Creme und Insektenschutzmittel mitzunehmen (vorher prüfen, ob das nötig ist). Antibakterielles Handgel ist ebenfalls zu empfehlen, da es nicht nur das Risiko von Infektionen oder deren Ausbreitung verringert, sondern auch feuchtigkeitsspendende Mittel zum Schutz der Haut enthält. Wer persönliche Medikamente braucht, muss daran denken, genug für die Reise mitzunehmen.

CHECKLISTE KÖRPERPFLEGE UND MEDIKAMENTE

- *Sonnenschutzmittel. Wasserfeste Creme oder Gel mit hohem Lichtschutzfaktor sind ideal. Kein Öl nehmen, da es die Haut schmutzig und schmierig machen kann.*
- *Lippenbalsam.*
- *After-Sun-Lotion.*
- *Tabletten oder Armband gegen Seekrankheit (siehe Seite 39).*
- *Insektenschutzmittel.*
- *Antihistaminikum.*
- *Antiseptische Creme.*
- *Persönliche Medikamente.*
- *Reisewaschmittel und Flüssigseife sind nützlich. Daran denken, dass der Wasservorrat an Bord sehr begrenzt ist.*
- *Umweltfreundliches Shampoo und Duschgel.*

Hinweis: Es ist gängige Praxis, den Skipper vor der Abfahrt über persönliche Medikamente zu informieren.

Siehe auch **Erste Hilfe auf See** (Seite 110).

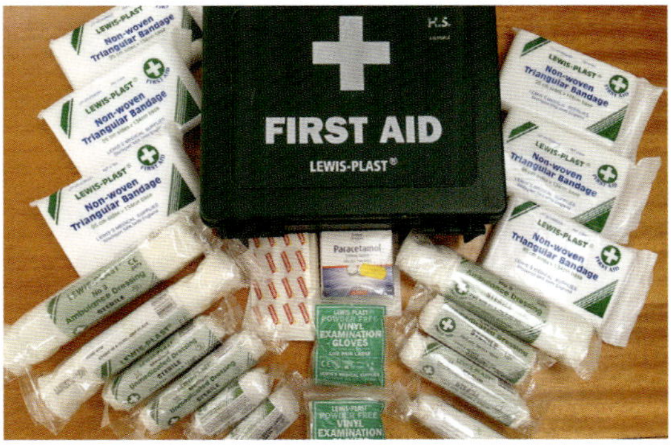

Alle Yachten sind verpflichtet, für Notfälle Erste-Hilfe-Sätze mitzuführen. Auch wenn das beruhigend klingt, ist es anzuraten, den eigenen Vorrat an Pflastern und persönlichen Medikamenten mitzubringen.

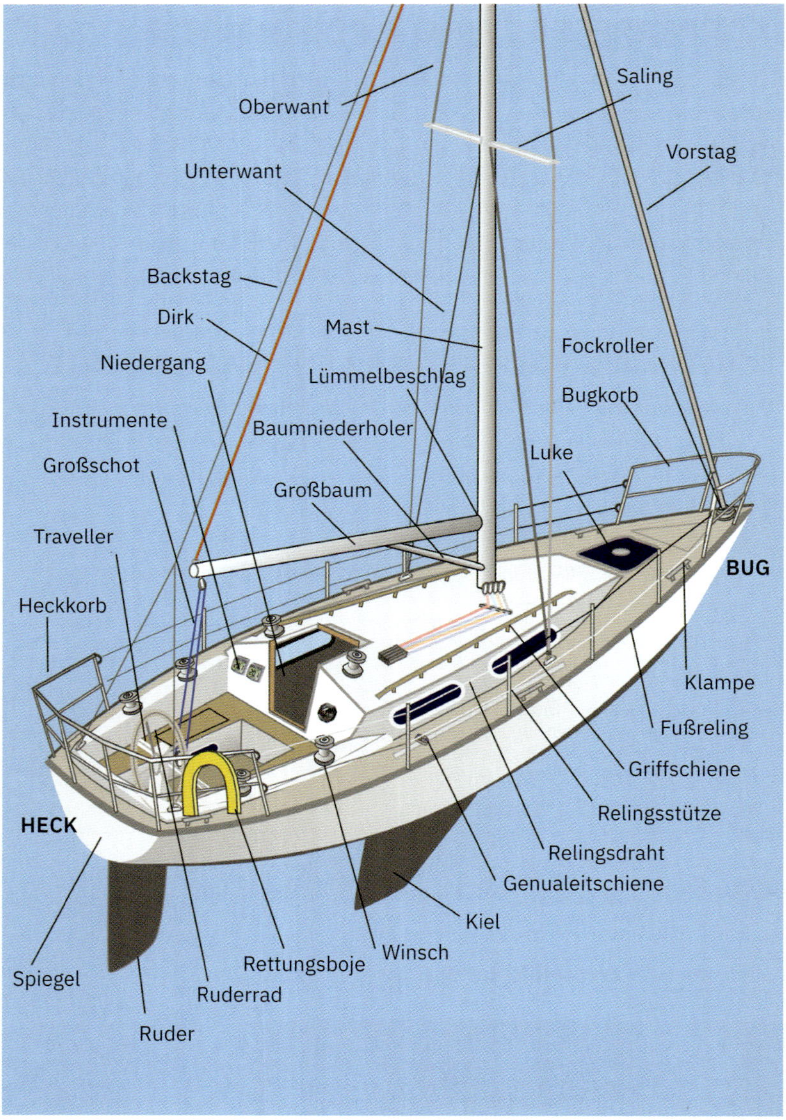

▲ *Es ist hilfreich, die richtigen Bezeichnungen für die Teile des Bootes zu kennen, damit man die Anweisungen des Skippers besser versteht.*

KAPITEL 03

DIE YACHT

Muss man für alles, was mit dem Bootfahren zu tun hat, die richtige Bezeichnung kennen und verwenden? Wie funktionieren Segel? Wozu werden all diese Leinen verwendet? Es hilft, etwas Grundwissen zu haben, bevor man segeln geht.

TEILE DES BOOTES

Manch ein Leser fragt sich vielleicht, warum manche Begriffe aus dem Bereich der Seefahrt so komisch oder seltsam klingen. Das liegt daran, dass sie oft Hunderte von Jahren zurückreichen und sich auf die Terminologie des Schiffbaus aus dem 16. Jahrhundert oder früher beziehen. Der Begriff »Steuerbord« bezeichnet zum Beispiel die Seite, auf der sich früher das Steuerruder befand, und das war immer die rechte Seite in Vorausfahrt des Schiffes.

Sich mit nautischen Begriffen vertraut zu machen ist auf jeden Fall zu empfehlen, denn wenn der Skipper beispielsweise anordnet, »Achterspring loswerfen« oder »Dirk fieren«, dann ist klar, worum es geht. Generell erleichtert das auch die Kommunikation mit den Mitseglern, wenn diese ebenfalls die richtigen Begriffe kennen und verwenden. Es dauert eine gewisse Zeit, bis man die Bezeichnungen aller Teile eines Bootes kennt, und selbst erfahrene Segler vergessen schon mal, wie ein obskurer Beschlag heißt. Die beiden goldenen Regeln hier lauten: Keine Angst, im Zweifelsfall andere zu fragen, und nicht raten, wenn man es nicht weiß – wenn beispielsweise zur falschen Zeit die falsche Leine losgelassen wird, könnte es peinlich werden.

In den Abbildungen sind die grundlegenden Teile eines Segelbootes entsprechend beschriftet. Am Ende eines Buches befindet sich ein Glossar mit Begriffen, die sich hoffentlich auch als nützlich erweisen werden.

Siehe auch **Maritime Begriffe** (Seiten 117–126)

SEGEL

Segel sind so konstruiert, dass sie die Kraft des Windes nutzbar machen. Sie werden durch eine Reihe von Steuerleinen so eingestellt, dass das Boot schneller fährt, langsamer wird oder anhält. Das Einstellen eines Segels wird als Trimmen bezeichnet, und zu wissen, wie man das richtig macht, ist echtes Können, wobei es relativ einfach ist, die Grundlagen zu erlernen.

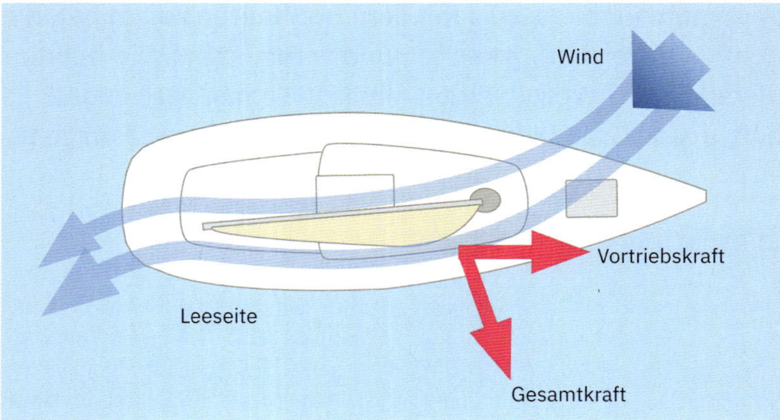

WIE FUNKTIONIEREN SEGEL?

Segel wirken in vielerlei Hinsicht wie die Tragflächen eines Flugzeugs, die den Auftrieb erzeugen, der das Flugzeug in der Luft hält. Aber im Fall des Segelbootes treibt der Auftriebseffekt das Boot nicht nach oben, sondern vorwärts durchs Wasser. Um Auftrieb zu erzeugen, hat das Segel genau wie die Tragflächen eines Flugzeugs eine gekrümmte Form, die durch Anholen oder Fieren der Leinen des Segels angepasst werden kann.

Das gebräuchlichste Segelboot besitzt einen Mast, der zwei Segel trägt, nämlich ein Großsegel und ein Vorsegel. Diese beiden Segel interagieren miteinander, und wenn sie richtig eingestellt sind, wird die zwischen ihnen strömende Luft komprimiert und beschleunigt, was zu einer starken Kraft führt, die das Boot durch das Wasser treibt.

Großsegel

Das ist das große dreieckige Segel, das hinten am Mast angeschlagen ist. Es besitzt eine Reihe von Bedienungselementen, darunter als wichtigste:

- **Großfall** – eine Leine zum Aufheißen und Niederholen am Mast
- **Großschot** – eine am Baum angeschlagene Leine zum Trimmen des Segels
- **Traveller** – (dt. Laufkatze), eine schienenähnliche Vorrichtung, mit der der Angriffspunkt der Großschot am Boot zum Trimmen versetzt werden

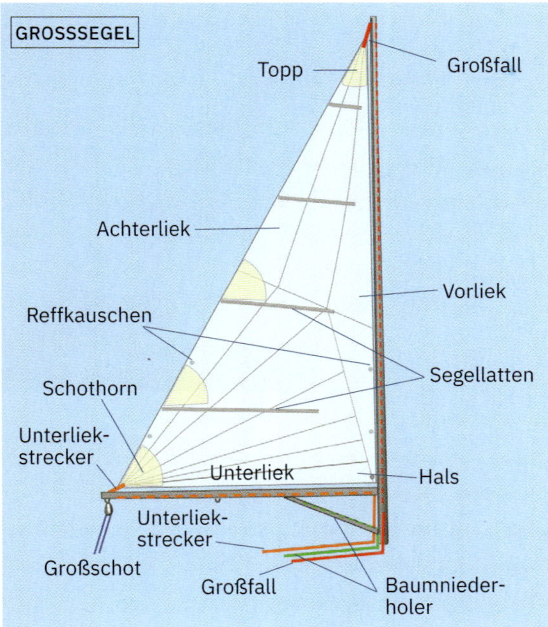

Das Groß ist das dreieckige Segel hinten am Mast.

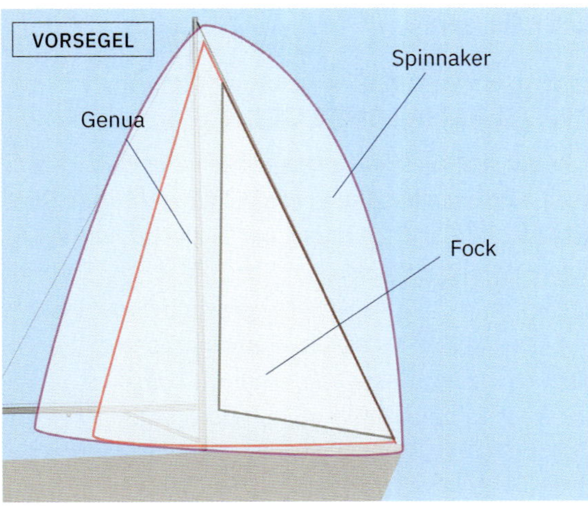

Vorsegel sind alle Segel vor dem Mast: Fock, Genua und Spinnaker sind unterschiedlich groß.

kann

- **Baumniederhalter oder Bullentalje** – verstellbare Leine oder Strebe, die den Großbaum am Steigen hindert und dafür sorgt, dass das Segel auf Vormwindkurs nicht killt
- **Unterliekstrecker** – Leine, mit der die Spannung des Unterlieks geregelt wird

Vorsegel

Das sind die Segel, die vor dem Mast gefahren werden. Es gibt mehrere Arten in verschiedenen Größen.

Manche Vorsegel werden am Vorstag angeschlagen, das vom Masttopp zum Bug verläuft: dazu gehören:

- **Genua** – großes Vorsegel, das vom Bug bis hinter den Mast reicht
- **Fock** – dreieckiges Vorsegel
- **Sturmsegel** – kleine Fock für sehr starken Wind

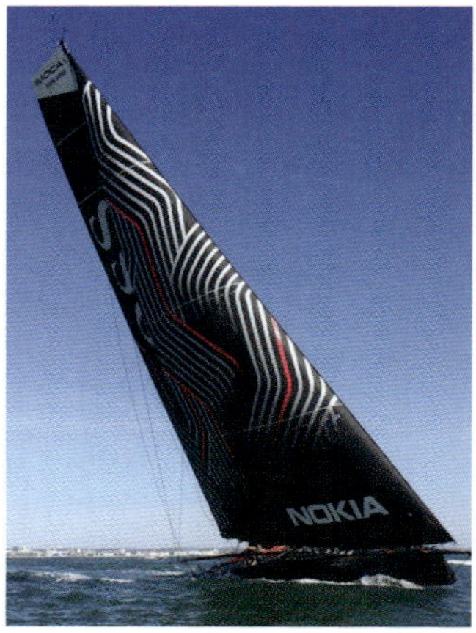

Die Regattayacht Imoca 60 kommt auf Geschwindigkeiten über 25 Knoten.

Weitere Vorsegel sind Spinnaker, asymmetrischer Spinnaker und Genua. Diese großen Segel kommen auf Vormwindkursen zum Einsatz; wenn sie sich mit Wind füllen, wölben sie sich wie ein Ballon vor dem Bug.

Siehe auch **Segelführung** (Kapitel 6); **Segel setzen** (S. 60–62); **Segeltrimm** (S. 66–67); **Segelstellungen** (S. 68–69)

REGATTASEGELN VS. FAHRTENSEGELN

Manche Segelboote sind für schnelles Regattasegeln konstruiert, andere für entspanntes Kreuzen. Rennyachten führen eine Reihe von Segeln für verschiedene Windstärken und Fahrtrichtungen mit, während Fahrtenyachten sich mit weniger Segeln bescheiden.

Das Heißen, Niederholen und Wechseln der Segel kann harte Arbeit sein, und die Crews auf Rennyachten trainieren, das schnell und effizient zu erledigen, um das Boot in möglichst schneller Fahrt zu halten.

Auch auf einer typischen Fahrtenyacht müssen die Segel geheißt und niedergeholt werden, aber das kann in gemächlicherem Tempo als auf einer Rennyacht geschehen.

LEINEN

Wenn man ein erfahrener Segler werden will, muss man sich mit höchster Priorität in den Umgang mit Leinen und Tauwerk einarbeiten. Keinesfalls darf man sich von all den technischen Bezeichnungen und den vielen verschiedenen Arten von Leinen auf einem Boot entmutigen lassen. Der beste Weg, das anzugehen, besteht darin, sich mit den Grundlagen der Verwendung von Leinen und deren Befestigung an Objekten oder untereinander vertraut zu machen.

Auf den meisten modernen Booten finden sich Leinen aus Kunstfasern anstelle von Naturfasern, wie sie noch immer auf traditionellen Yachten verwendet werden.

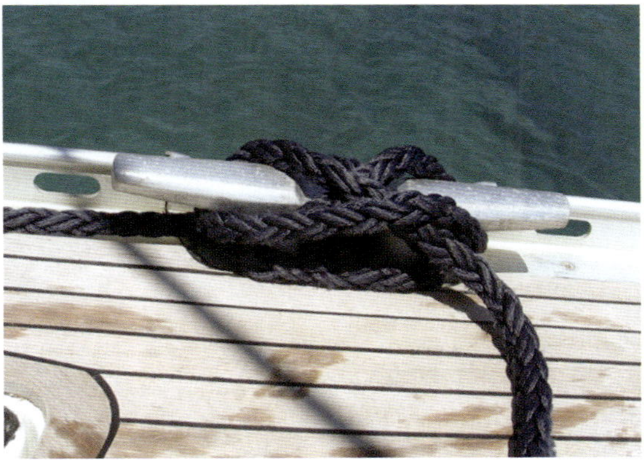

Wer ein erfahrener Segler werden will, für den ist es ein guter Anfang, den Umgang mit Leinen zu lernen. Leinen werden für viele Zwecke verwendet, vom Heißen und Trimmen der Segel bis zum Festmachen des Bootes an einem Steg.

Einsatzbereiche für Leinen

Leinen werden auf Segelbooten für alle möglichen Zwecke eingesetzt, vom Heißen und Trimmen der Segel über das Befestigen der Fender bis hin zum Festmachen am Kai oder Schwimmsteg.

ARTEN VON LEINEN

Leinen können aus einer Vielzahl von Materialien hergestellt werden und lassen sich grob in drei Haupttypen einteilen:

- ***Nylon** – starke, dehnbare Faser, die nicht schwimmt und für Festmacher, Ankerleinen und Schleppleinen verwendet wird.*
- ***Polyester** – entweder dreischäftig oder geflochten; nicht so stark wie Nylon, aber weniger dehnbar; schwimmt. Wird für Fallen und Steuerleinen verwendet.*
- ***Polypropylen** – dreischäftiges, schwimmendes Allzwecktauwerk Rettungsleinen, Wurfleinen und Wasserski-Schleppleinen.*

Aufschießen

Auf einem gut gepflegten Boot sind die Leinen sauber aufgeschossen und an der richtigen Stelle verstaut und einsatzbereit. Wenn eine Leine richtig aufgeschossen ist, endet sie nicht als wirres Knäuel.

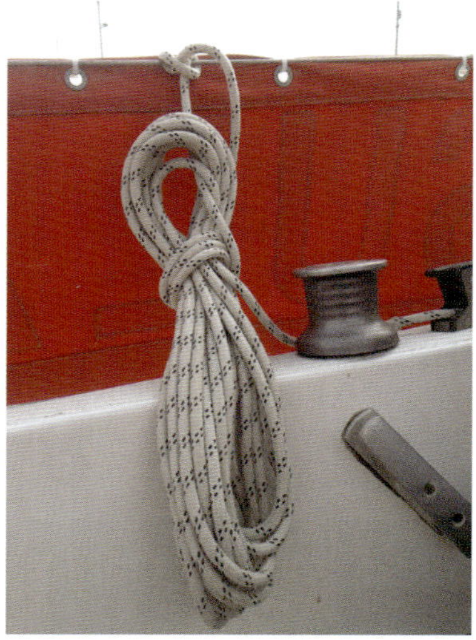

Auf einem gut gepflegten Boot sind die Leinen sauber aufgeschossen und einsatzbereit. Es gibt mehrere Möglichkeiten, eine Leine aufzuschießen, und die Rolle dann an Haken, Schienen und Pfosten zu befestigen.

Verstauen

Festmacheleinen und Fender werden normalerweise in Schapps im Cockpit verstaut. Leinen zum Aufheißen oder Trimmen der Segel bleiben entweder am Mast oder werden ins Cockpit zurückgeführt, wo sie aufgeschossen oder in Säcken verstaut werden, damit sie leicht zugänglich sind.

Knoten

Es gibt zwar unzählige Knoten für jeden erdenklichen Zweck, aber die meisten Segler kommen sehr gut mit nur sechs oder sieben Knoten zurecht. Weiter hinten finden sich Schritt-für-Schritt-Anleitungen zum Stecken dieser Knoten.

Siehe auch **Leinen aufschießen** (S. 43–44); **Knoten** (S. 45–50); **Winschen** (S. 51–52)

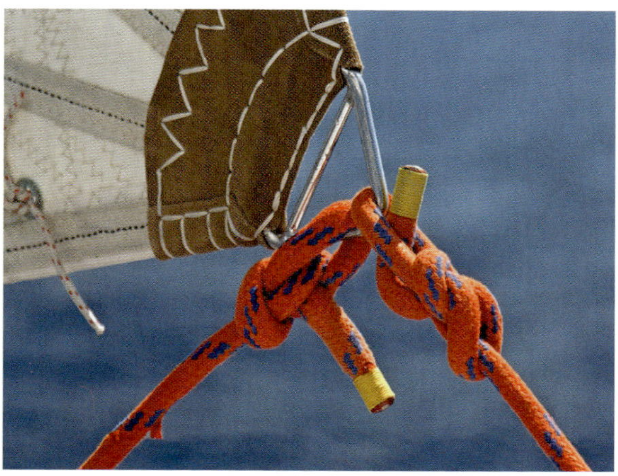

Es gibt unzählige Knoten für jeden erdenklichen Zweck. Einer der wichtigsten Knoten ist der Palstek, wie er hier verwendet wurde, um die Leinen am Schothorn des Segels anzuschlagen.

ELEKTRIK

Elektrischer Strom wird für den Betrieb der Navigationsinstrumente und der Kommunikationsausrüstung sowie der Positionslichter, der Kabinenbeleuchtung und des Kühlschranks benötigt. Das Meer ist ein feindseliges Umfeld für alle elektrischen Geräte, und maritime elektrische Geräte wurden unter diesem Gesichtspunkt entwickelt. Es muss nicht nur möglichst viel Feuchtigkeit von der Elektronik ferngehalten, sondern auch darauf geachtet werden, dass auf See die Batterien nicht entladen werden.

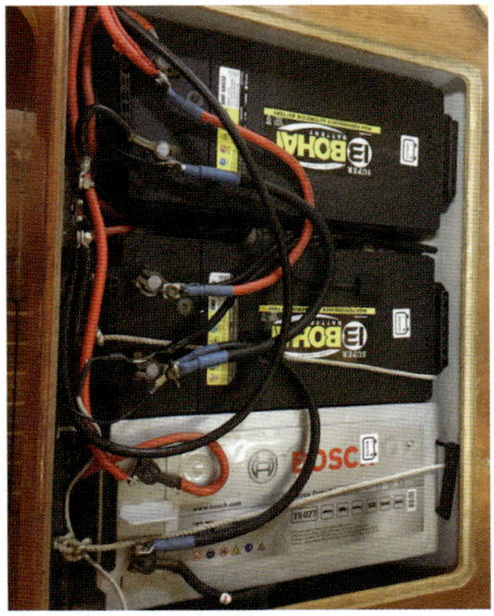

Die meisten Segelyachten haben mindestens zwei Batterien, von denen eine zum Starten des Motors dient. Die andere(n) versorgen die elektrischen Geräte mit Strom.

Auf einer Segelyacht werden die Batterien durch die Lichtmaschine des Motors geladen, wenn dieser läuft. Größere Yachten besitzen neben dem Hauptmotor oft einen Generator. Auf vielen Yachten gibt es alternative Formen der Energieerzeugung, darunter Windgeneratoren, Sonnenkollektoren und Wassergeneratoren. Ein Wassergenerator produziert Strom, wenn sich das Boot durch das Wasser bewegt.

Wenn elektrische Geräte auf See ständig benutzt werden, während das Boot unter Segel fährt, können die Batterien leicht entladen werden. Das bedeutet, dass der Gebrauch aller elektrischen Geräte auf ein Minimum beschränkt werden sollte.

Viele Yachten haben im Armaturenbrett ein Voltmeter oder eine Batterie-Statusanzeige. Wenn die Batteriespannung unter 12 Volt fällt, müssen die Batterien so schnell wie möglich aufgeladen werden.

12-VOLT- UND 24-VOLT-ANLAGEN

Die durchschnittliche Yacht besitzt eine 12-Volt-Gleichstromanlage, auf größeren Schiffen arbeitet man jedoch mit 24 Volt. In den meisten Fällen ist das System zweigeteilt, nämlich einmal für das Anlassen des Motors und auf der anderen Seite für den Betrieb aller anderen elektrischen Geräte an Bord (Versorgungsbatterie). Das stellt sicher, dass die Starterbatterie immer gut geladen ist, da sie nie für etwas anderes verwendet wird.

Landstrom

Wenn ein Boot in einer Marina oder in einem Hafen liegt, besteht in der Regel Zugang zu Landstrom, d. h. zum öffentlichen Stromnetz. Das bedeutet, dass alle elektrischen Geräte benutzt werden können, ohne dass die Batterien des Bootes entladen werden.

TIPPS

- *Elektronische Geräte werden am besten geladen, wenn das Boot an Landstrom hängt.*
- *Wenn das Voltmeter weniger als 12 Volt anzeigt, sollte der Skipper informiert werden.*
- *Unter Segel werden nicht benötigte Geräte und Leuchten normalerweise abgeschaltet, um die Batterien nicht zu entladen.*
- *Indem die Kühlschranktür möglichst geschlossen bleibt, reduziert man den Stromverbrauch.*

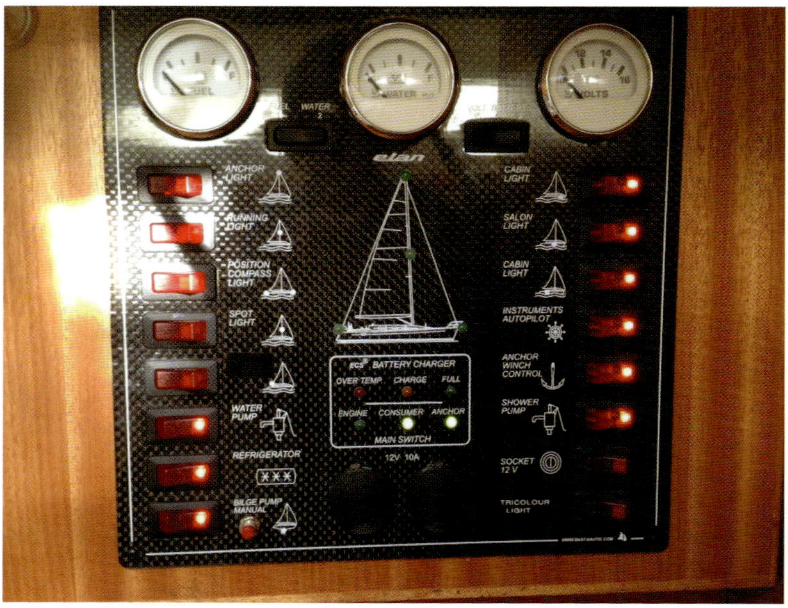

▲ *Über eine Schalttafel wird die Stromzufuhr zu Instrumenten, Funkgerät, Beleuchtung, Kühlschrank, Lenzpumpen und andere Geräte geregelt. Anzeigegeräte zeigen den Stromverbrauch und die Restladung der Batterien.*

KAPITEL 04

BORDLEBEN

Wie ist es so an Bord einer Yacht? In diesem Kapitel geht es um Themen wie die Vorbereitung zum Auslaufen, die Planung eines Törns, gute Verhaltensweise, das Zusammenleben auf engem Raum, die tägliche Routine, die Vorbeugung gegen Seekrankheit oder den Umgang damit sowie die Einweisung durch den Skipper.

Unabhängig davon, ob man zum reinen Vergnügen segelt oder sich darauf freut, eine aktive Rolle an Bord zu übernehmen, ist es hilfreich zu wissen, was von einem Mitsegler erwartet wird. Wenn man den Skipper noch nicht kennt, tut man gut daran, ihn im Voraus über eventuell vorhandene Segelerfahrungen zu informieren. Keine Angst, wenn noch keine vorhanden sind: Das geht wahrscheinlich auch anderen so. Es ist ganz normal, dass auf einer Fahrtenyacht Menschen mit allen möglichen Fähigkeiten aufeinandertreffen.

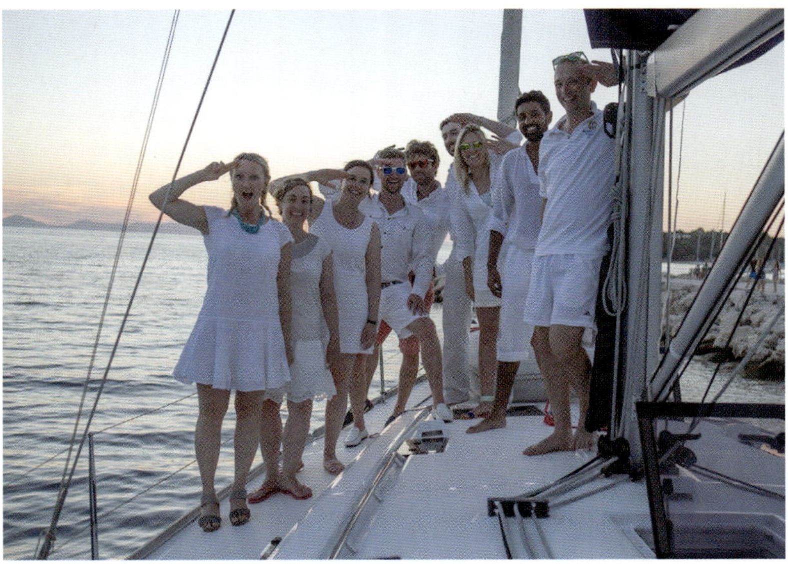

▲ *Eine zufriedene Crew arbeitet im Team, jeder so, wie er kann.*

Die einzige Person, die wirklich wissen muss, was sie tut, ist der Skipper. Er trägt letztendlich wie der Kapitän eines großen Schiffes die Verantwortung für alle an Bord und für das Boot selbst. Das gilt unabhängig davon, ob es sich beim Skipper um den Partner, ein Geschwisterkind, einen Freund, einen Verwandten, einen Fremden oder um den Profi handelt, der für die Charteryacht verantwortlich ist.

VOR DEM SEGELSETZEN

Hier ein paar goldene Regeln, die beachtenswert sind, um das Leben an Bord für alle angenehm zu gestalten und die maritime Umwelt zu schützen.

- Wenn man eine andere Yachten betreten muss, um zur eigenen zu kommen, benutzt man das Vordeck und nicht das Cockpit.
- Hinter sich aufräumen und die eigenen Sachen nicht im Salon herumliegen lassen.
- Möglichst oft anbieten zu helfen – je mehr man versucht, desto mehr lernt man.
- Wassereinsparung auf einer Yacht ist wichtig; das Boot schwimmt zwar in Millionen Litern Salzwasser, hat aber nur begrenzt Frischwasser an Bord.
- Nichts über Bord werfen. Einzige Ausnahme sind Dinge wie Fischgräten, die ursprünglich aus dem Meer kamen, und biologisch abbaubarer organischer Abfall, der sich schnell zersetzt wie verfaulte Obst- oder Gemüseschalen. Auch diese Dinge sollten nur draußen auf See und niemals in Küstennähe entsorgt werden.
- Die Einweisung durch den Skipper genau verfolgen.
- Keine Angst vor Fragen, wenn etwas nicht verstanden wurde.

Pünktlichkeit

Pünktlich und abfahrtsbereit am Boot eintreffen. Der Skipper muss die einzelnen Phasen eines Törns sorgfältig planen, und zwar besonders in Tidengewässern, in denen die Abfahrtszeit durch die jeweiligen Hoch- und Niedrigwasserzeiten beeinflusst wird. Diese Zeiten bestimmen Geschwindigkeit und Richtung der Tide. Bei Verspätung den Skipper informieren, damit er die Abfahrtszeit entsprechend anpassen kann.

Einweisung

Wenn die Crew vollständig ist, ruft der Skipper alle zusammen und geht mit ihnen den Plan genau durch, und zwar unabhängig davon, ob der Törn einen Tag oder eine Woche dauert.

Der Skipper hat sich bis dahin die Wettervorhersagen angesehen und das Boot überprüft, um sicherzustellen, dass alles in Ordnung ist. Er hat außerdem mögliche Ziele, Zwischenstopps und den voraussichtlichen Zeitpunkt der Rückkehr in den Heimathafen ausgearbeitet. Man sollte ihm bei seinen Erläuterungen genau zuhören und bei Unklarheiten nachfragen.

Weiterhin erhalten die Crewmitglieder eine kurze Einweisung in das Boot mit Hinweisen zu allen Anlagen und Systemen, also beispielsweise, wie Wasser- und Gasversorgung funktioniert, wie die Seetoiletten zu benutzen sind, wo sich die Sicherheitsausrüstung befindet, wie man eine Rettungsweste anlegt und wann sie zu tragen ist.

Dienstplan

Bei Tagestörns gibt es normalerweise keinen regelrechten Dienstplan, weil sich die Crewmitglieder abwechseln und ad hoc verschiedene Aufgaben übernehmen. Auf längeren Fahrten, die auch Nachttörns umfassen könnten, ist es üblich, dass die Crew sich auf einen vom Skipper ausgearbeiteten Dienstplan verständigt, der regelt, wann die einzelnen Crewmitglieder mit Wachdienst, Kochen, Putzen und Ausruhen an der Reihe sind.

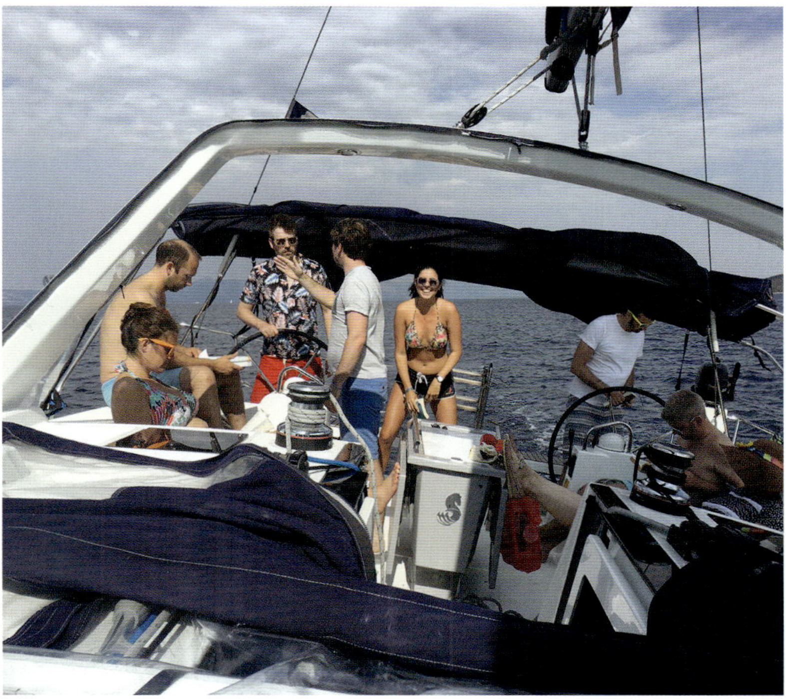

▲ *Unterwegs bleibt normalerweise viel Zeit zum Entspannen, aber es muss immer jemand Ausguck halten.*

UNTER DECK

Wie sieht es unter Deck aus? Eine typische Fahrtenyacht besitzt einen offenen Salon (den Hauptaufenthaltsbereich) mit Navigationsstation und Pantry. Da der Platz unter Deck begrenzt ist, befinden sich in jeder Ecke, unter dem Fußboden und unter den Sitzen Schapps zum Verstauen von Proviant und Ausrüstung. Vom Salon gehen nach vorn und achtern je nach Größe des Bootes zwei oder drei Kajüten und ein oder zwei Toiletten ab.

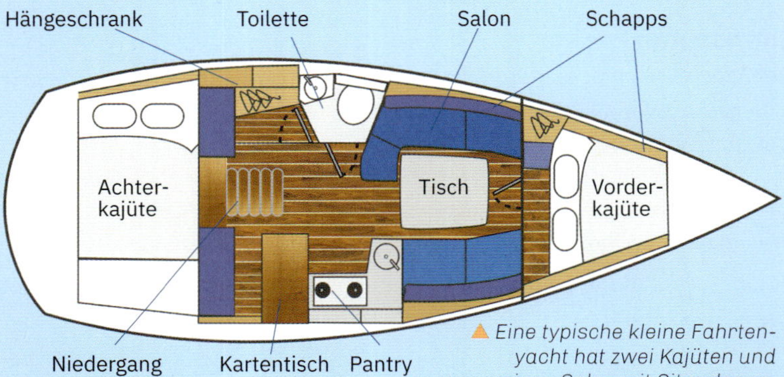

▲ *Eine typische kleine Fahrtenyacht hat zwei Kajüten und einen Salon mit Sitzgelegenheiten, die als zusätzliche Kojen genutzt werden können.*

Salon

Der Zugang zum Salon erfolgt über den Niedergang, der vom Cockpit nach unten führt. Die Stufen können recht steil sein, weshalb der Niedergang manchmal eher einer Leiter als einer Treppe ähnelt, so dass es einfacher sein kann, rückwärts hinabzusteigen.

Unter dem Fußboden im Salon verlaufen Wasser- und Stromleitungen. Dort ist meistens auch Stauraum verfügbar. In der Regel gibt es einen Tisch mit bequemen Sitzgelegenheiten, die zu Kojen umgewandelt werden können.

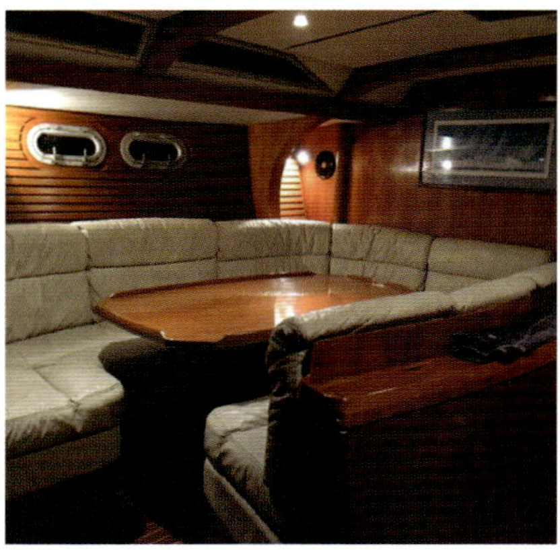

▲ *In diesem Salon finden acht Personen bequem am Tisch Platz. Der Tisch kann abgesenkt und mit den Sitzkissen in eine Doppelkoje umgewandelt werden.*

Pantry

Die meisten Fahrtenyachten sind nicht groß genug für eine separate Kombüse, aber die Pantry ist bei aller Kompaktheit oft gut ausgestattet und leicht zu bedienen. Sie verfügt in der Regel über einen kardanisch aufgehängten Gasherd mit Kochfeld, ein tiefes Edelstahlspülbecken mit Abdeckung, Kühlschrank und viele Schapps.

Arbeitsplatte und andere horizontale Flächen haben erhöhte Kanten, damit nichts herunterfällt.

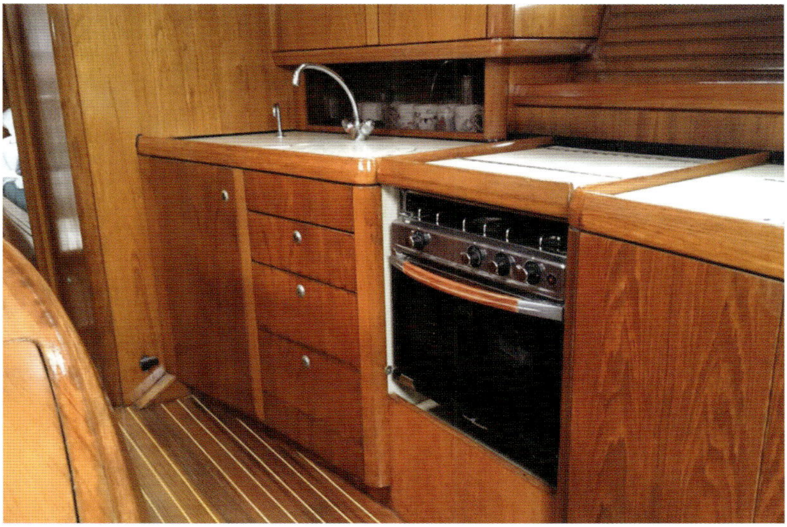

▲ *Gut ausgestattete Pantry einer 15-m-Yacht mit vielen Schubläden und Schapps für Proviant und Kochutensilien. Ein kardanisch aufgehängter Herd und eine Doppelspüle machen das Kochen leicht.*

Stauraum

Der Platz hinter den Salonwänden und unter den Sitzen wird möglichst weitgehend als Stauraum genutzt. Auch für Ölzeug und lange Jacken ist ein Schrank vorhanden.

Kajüten

Yachten haben oft eine oder zwei Achterkajüten mit Doppelkojen und eine V-förmige Vorderkajüte mit zwei Einzelkojen. Die Kajüten verfügen normalerweise über ausreichenden Stauraum, und bei größeren Yachten hat jede Kajüte einen eigenen Schrank für längere Kleidungsstücke. Schränke und Schapps sollten immer geschlossen sein, damit bei Fahrt nichts herausfällt.

TOILETTEN

In den Sanitärräumen finden sich meistens Toilette, Waschbecken, Spiegel und Schapps für Hygieneartikel. Oft ist auch eine Dusche vorhanden, wenn das Boot über eine Druckwasseranlage verfügt.

Jedes einzelne Crewmitglied muss wissen, wie die mit Meerwasser gespülte Toilette zu bedienen ist. Ein- und Auslassventile für das Meerwasser bleiben bei Nichtbenutzung geschlossen, so dass man sie beim Toilettengang jedes Mal mittels kleiner Hebel öffnen und wieder schließen muss. Es gibt verschiedene Typen, und es ist Sache des Skippers, den Umgang mit den vorhandenen Toiletten zu erklären. Auf größeren Yachten findet man teilweise elektrisch betätigte Toiletten mit Fäkalientanks, deren Inhalt ordnungsgemäß im Hafen entsorgt werden muss.

Die Standardtoilette mit Handpumpe funktioniert folgendermaßen:

- *Bei leerer Schüssel den Spülhebel in »offen«-Stellung bringen und den Griff auf- und abbewegen, bis Wasser einläuft.*
- *Spülhebel in »geschlossen«-Stellung bringen.*
- *Toilette benutzen.*
- *Anschließend Spülhebel geschlossen lassen und die Schüssel mit langem, gleichmäßigem Hub am Pumpengriff leeren.*
- *Wenn die Schüssel leer ist, den Spülhebel auf »offen« stellen und mit Wasser nachspülen.*
- *Zum Schluss Spülhebel wieder schließen und restliches Wasser abpumpen.*

Hinweis: *In die Toilette gehört außer Toilettenpapier nichts, was nicht vorher durch Magen und Darm gegangen ist.*

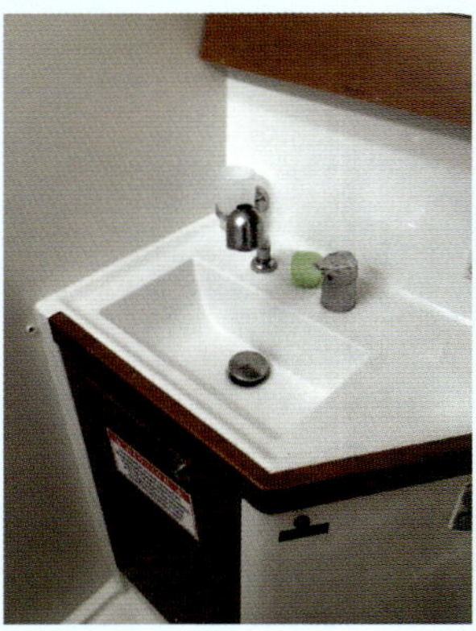

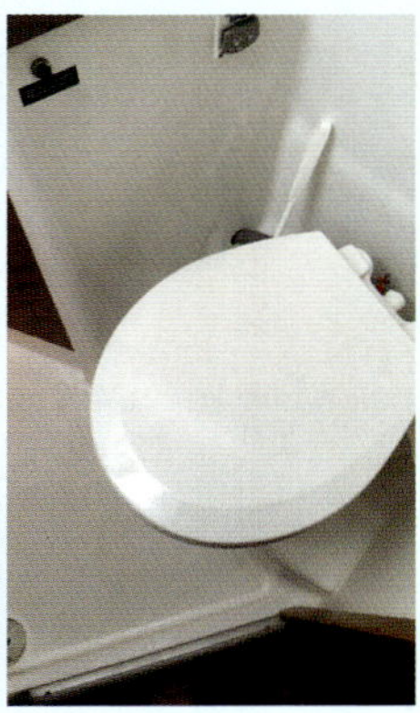

In den Sanitärräumen auf Fahrtenyachten finden sich meistens eine Toilette, ein kleines Waschbecken und Schapps für Hygieneartikel. Hier ist zusätzlich eine Handdusche mit einem Druckknopf zur Betätigung der Bilgepumpe vorhanden.

FRISCHWASSER

Frischwasser wird auf Yachten in Tanks gespeichert. Mit Frischwasser versorgt werden Waschbecken, Duschen und die Pantry, nicht aber die Toiletten, die mit Meerwasser gespült werden.

Viele neuere Yachten haben mit elektrischen Pumpen betriebene Druckwasseranlagen für Warm- und Kaltwasser, während auf älteren Yachten fußbetriebene Pumpen verwendet werden.

Die Vorteile manueller Anlagen sind ein geringerer Stromverbrauch, ein geringerer Wasserverbrauch und die Tatsache, dass die Wasserhähne nicht unabsichtlich geöffnet bleiben können.

Duschen

Duschen an Bord einer Yacht gilt als eine Art Luxus. Es ist ratsam, den Skipper vor dem Duschen um Erlaubnis zu bitten, da er weiß, wie viel Frischwasser zur Verfügung steht. Das Abwasser aus der Dusche muss abgepumpt werden, und dazu gibt es in der Dusche in der Regel einen Druckknopf, über den eine Lenzpumpe betätigt wird.

TIPPS

- ***Daran denken, dass der Frischwasservorrat auf einer Yacht begrenzt ist.***
- ***Wasser möglichst sparsam nutzen und keinesfalls verschwenden.***
- ***Zähne in einem Becher mit Wasser putzen, niemals unter einem laufenden Wasserhahn.***
- ***Vor dem Duschen Skipper um Erlaubnis bitten.***
- ***Nach Möglichkeit im Hafen Haare waschen und duschen.***

Kochen

Die meisten Crews arbeiten nach einem Plan, bei dem ein oder zwei Personen eine Mahlzeit für den Rest der Crew zubereiten.

Bei der Planung der Verpflegung für einen Segeltörn hängt viel davon ab, wie lange der Törn dauert und welche Einrichtungen an Bord verfügbar sind. Die meisten Pantrys sind sehr kompakt, aber oft überraschend gut mit Kühl- und Gefrierschränken ausgestattet.

Essen vorbereiten

Die Essenszubereitung wird erleichtert, wenn es an Bord einen Kühl- oder Gefrierschrank gibt. Es ist eine gute Idee, mehrere vorgekochte Tiefkühlgerichte mitzunehmen, die im Ofen aufgewärmt werden können. Wenn das nicht möglich ist, sucht man sich vor dem Törn ein paar Rezepte, deren Zubereitung auf See nicht schwierig ist und nicht zu viel Zeit in Anspruch nimmt.

TIPPS

- *Im Voraus Rezepte für die Dauer des Törns sammeln.*
- *Prüfen, ob es unter den Crewmitgliedern spezielle Ernährungsbedürfnisse gibt.*
- *Vor dem Ablegen möglichst viele Mahlzeiten vorbereiten.*
- *Ausreichenden Vorrat an Dörrobst, Energieriegeln und Snacks mitnehmen.*
- *Vorausplanen, wo Frischproviant aufgenommen werden soll.*

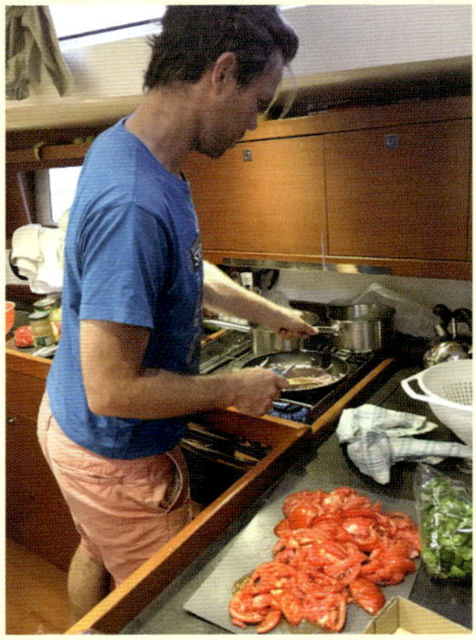

Auf den meisten Yachten kann aus Platzgründen nur eine Person kochen. Hier werden Pasta und Salat für eine achtköpfige Crew zubereitet.

Als Mahlzeiten auf See bieten sich beispielsweise an: Müsli oder Porridge zum Frühstück, Couscous, Eierspeisen oder Nudelsalate mittags und möglicherweise Fisch oder ein Bohneneintopf mit Reis oder Kartoffeln am Abend.

Snacks

Kekse und Snacks sind auf einem Boot immer gefragt. Leckereien wie Schoko-Brownies oder Obstkuchen kommen immer gut an, ebenso Energieriegel und Dörrobst.

Frischkost

Frische Lebensmittel auf dem Boot zu lagern, ist problematischer als zu Hause, und zwar besonders, wenn man im Hochsommer unterwegs ist. Kühle, dunkle, gut belüftete Schapps eignen sich gut zur Aufbewahrung, aber frische Lebensmittel bleiben nicht lange frisch, und deshalb sollte man das Boot nicht mit leckeren Lebensmitteln überladen, die nur im Abfall landen.

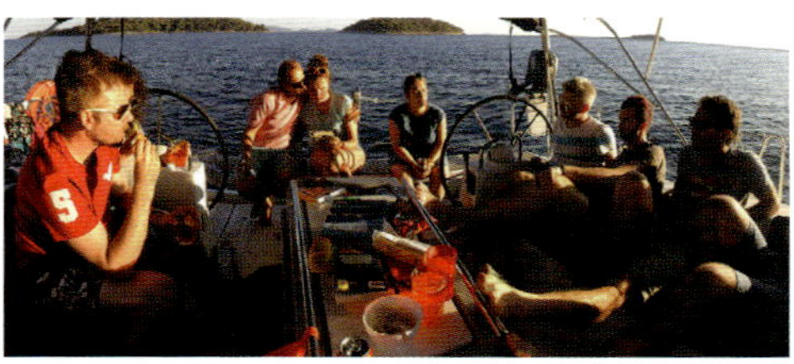

Es gibt nichts Schöneres, als im Sonnenschein an Bord einer Yacht ein gutes Essen zu genießen. Das Geheimnis besteht darin, Speisen auszuwählen, die schnell und einfach zubereitet werden können, da der Platz knapp bemessen ist.

AUFRÄUMEN

Angesichts des begrenzten Platzangebots unter Deck ist es keine schlechte Idee, das Boot so ordentlich wie möglich zu halten, damit nicht nur schnell alles gefunden wird , sondern auch niemand über Liegengelassenes stolpert, was leicht passieren kann, wenn das Boot Fahrt macht.

Die meisten Yachten verfügen über Schränke, in denen nasse Kleidung und Ölzeug aufgehängt werden können, insbesondere, wenn sich acht Personen an Bord befinden.

Hygiene

Sauberkeit und gute Hygiene unter Deck verhindern die Entstehung unangenehmer Gerüche. Deshalb ist es ratsam, unmittelbar nach dem Essen abzuwaschen, angefaulte Lebensmittel in gut verschlossenen Beuteln zu entsorgen und darauf zu achten, dass schmutzige Kleidung in Wäschesäcken aufbewahrt wird.

Alle Crewmitglieder müssen sich in dieser Hinsicht einbringen, und es darf niemals Aufgabe eines Einzelnen sein, hinter allen anderen herzuräumen.

TIPPS

- *Häusliche Pflichten aufteilen.*
- *Unmittelbar nach den Mahlzeiten abwaschen.*
- *Sanitärräume regelmäßig säubern.*
- *Koch- und Abwaschdienst so regeln, dass jeder seinen Teil leistet.*

Abfallbeseitigung

Lebensmittelverpackungen sollten vor der Entsorgung gut in Meerwasser gespült werden. Gebrauchte Dosen und Kunststoffe sollten platzsparend flach gedrückt und in Wertstoffsäcken aufbewahrt werden. Altpapier und Pappe sollten getrennt gelagert werden. Glasflaschen und -behälter können wiederverwendet werden, deshalb werden sie gesäubert und zur Seite gestellt. Abfall sollte in verschlossenen Säcken an Land entsorgt werden.

Essensreste und verfaultes Gemüse können über Bord geworfen werden, wenn man weit draußen auf See ist, aber keinesfalls im Hafen.

Seekrankheit

Manch einer fragt sich, ob er beim Segeln seekrank wird. Man kann sich zwar nie völlig sicher sein, wie man sich an Bord fühlen wird, aber es gibt Möglichkeiten, der Seekrankheit aus dem Weg zu gehen.

Die Ursache der Seekrankheit liegt darin, dass das Gleichgewichtsorgan im Innenohr dem Gehirn etwas anderes übermittelt als das, was die Augen wahrnehmen. Diese widersprüchlichen Signale verwirren das Gehirn und sorgen dafür, dass man sich benommen und unwohl fühlt.

SEEKRANKHEIT VERHINDERN

- *Vor dem Törn keinen Alkohol trinken.*
- *Verzehr fettiger, säurehaltiger und scharf gewürzter Speisen vermeiden.*
- *Leicht essen. Speiseplan um Ingwer und Pfefferminze erweitern.*
- *Auf See nicht lesen, da das schnell zu Unwohlsein führen kann.*
- *Auf den Horizont blicken – er bildet immer eine unbewegliche Linie, und Augen, Innenohr und Gehirn senden keine widersprüchlichen Signale, wenn man diese Linie im Auge behält.*
- *Steuer übernehmen – das Steuern hilft tatsächlich, das Gefühl des Unwohlseins zu verringern. Wer hat schon mal gehört, dass man am Lenkrad eines Autos reisekrank wird!*
- *Armbänder gegen Seekrankheit benutzen. Diese Bänder wirken beim einen besser als beim andern. Sie funktionieren durch Druckausübung auf das Handgelenk nach dem Prinzip der Akupressur aus der chinesischen Medizin.*

Seebeine entwickeln

Sich auf einem beweglichen, schwimmenden Objekt zu befinden, kann gewöhnungsbedürftig sein, und zwar besonders, wenn dieses Objekt krängt und rollt. Es kann eine Zeit dauern, bis man damit zurechtkommt, dass die Welt unter den Füßen herumrollt. Die Gewöhnung dauert beim einen kürzer, beim andern länger, von praktisch null bis zu mehreren Tagen. Aber der Körper passt sich am Ende an diese Bewegungen an, und wenn das passiert, hat man Seebeine entwickelt.

Medikamente

Gegen Seekrankheit gibt es eine Reihe von Medikamenten. Dabei handelt es sich um Antihistaminika und Anticholinergika. Eines der beliebtesten Antihistaminika ist Stugeron. Dieses Mittel wirkt zwar gut, kann aber benommen machen und zu Mundtrockenheit führen.

Am besten nimmt man Tabletten gegen Seekrankheit präventiv, wenn man für Formen der Reisekrankheit anfällig ist.

TIPPS

- *Jeder Mensch ist anders. Manche Mittel wirken beim einen besser als beim anderen, so dass man so lange probiert, bis man das am besten geeignete Medikament gefunden hat.*
- *Bei Seekrankheit sollte man dies nicht verschweigen. Skipper und Crewkameraden haben sicher Mitleid und sind gerne bereit zu helfen.*

Symptome der Seekrankheit

Symptome der Seekrankheit sind Benommenheit, kalter Schweiß, Kopfschmerzen, blasse Haut und Erbrechen. Wenn Vorbeugungsmaßnahmen nicht geholfen haben, sollte sich der Erkrankte hinlegen und auf ausreichende Flüssigkeitszufuhr achten.

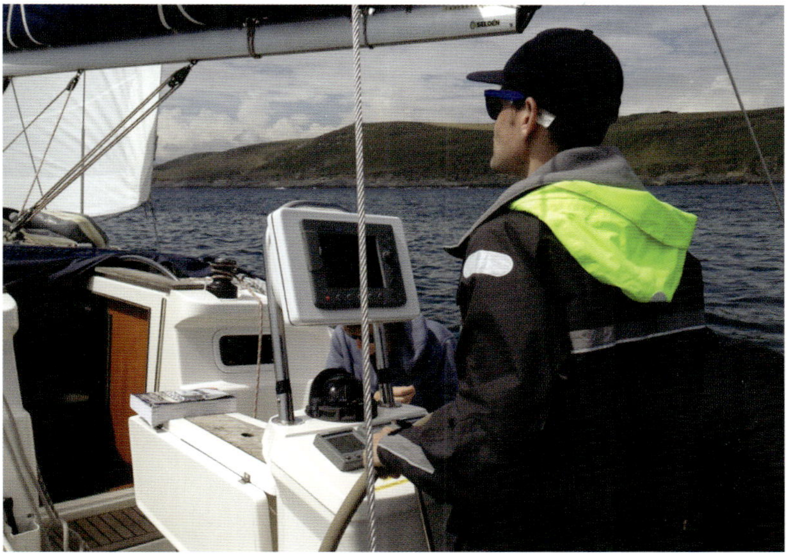

Am Steuer geht die Seekrankheit schnell vorbei.

KAPITEL 05

CREWTÄTIGKEITEN

In diesem Kapitel geht es um eine Reihe von Fertigkeiten, die man als Segelneuling nützlich finden dürfte wie etwa den Umgang mit Tauwerk, Knoten, Segeln, Winschen und vieles mehr.

Als Crewmitglied ist man Teil eines Teams, und die erfahreneren Segler auf der Yacht sind dazu da, beim Lernen zu helfen. Nichts kann wirklich vergleichbar mit den Erfahrungen, die man auf dem Wasser macht, wenn man der Crew eines Bootes hilft. Je mehr man lernt, desto mehr kann man am Segeln teilnehmen, sei es beim Trimmen der Segel, beim Steuern, beim Peilen, beim Ankern oder beim Festmachen längsseits am Steg.

Das Schöne ist, dass es auf einem Boot auf See viele Aufgaben zu erledigen gibt und man immer ein Erfolgserlebnis hat, wenn man sein Ziel erreicht.

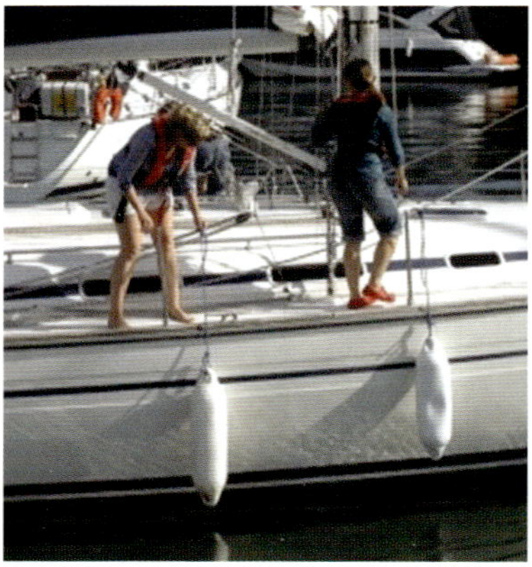

▲ *Die Freude am Segeln besteht darin, dass es viele Fertigkeiten zu perfektionieren gibt. Teil einer Crew zu sein, macht Spaß und lohnt sich unabhängig davon, wie viel Erfahrung auch immer schon vorhanden sein mag. Also heißt es, so viele Aufgaben wie möglich zu bewältigen, denn: Übung macht den Meister.*

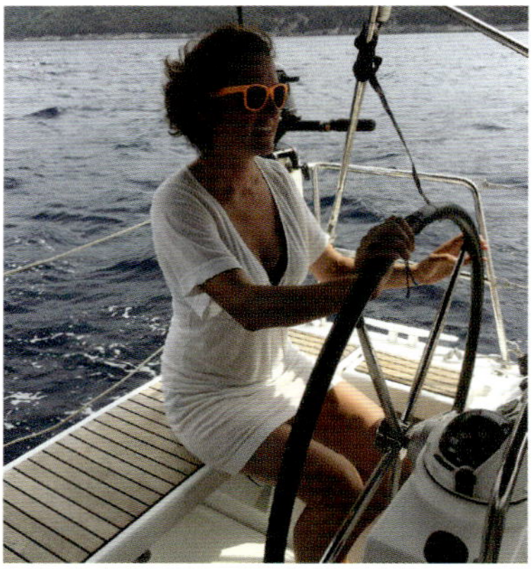

▲ *Eine Yacht auf Kurs zu halten, ist eine größere Herausforderung als das Steuern eines Autos, aber mit Übung macht es viel mehr Spaß und ist ein großartiges Lernziel. Böen und Wellen drücken ein Boot von einer Seite auf die andere und erfordern sanfte Steuerkorrekturen, um das Boot auf Kurs zu halten.*

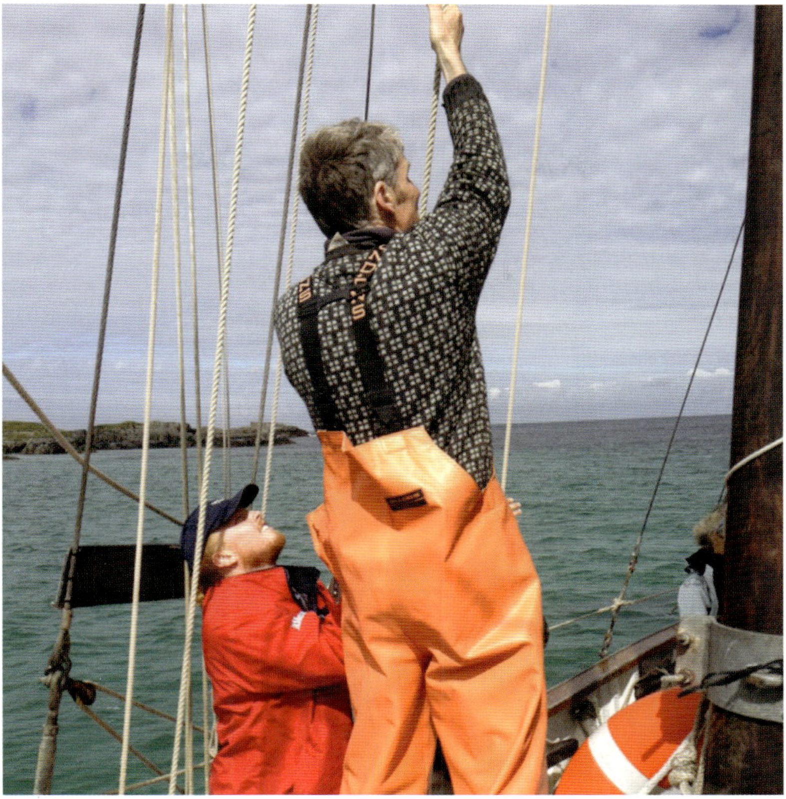

LEINEN AUFSCHIESSEN

Das Aufschießen von Leinen ist eine Fertigkeit, die jeder Segler beherrschen sollte. Alle Leinen an Bord sollten aufgeschossen und ordentlich verstaut werden, damit sie beim nächsten Mal schnell wieder einsatzbereit sind. Wenn eine Leine schnell benötigt wird, vergeht beim Entwirren vielleicht wertvolle Zeit, was zu einem Sicherheitsproblem führen kann, wenn man zum Beispiel an einem Steg längsseits kommen will.

Es gibt verschiedene Möglichkeiten, eine Leine aufzuschießen. Wenn man mit der umseitig gezeigten Methode beginnt und sie einmal perfektioniert hat, kann man Varianten für verschiedene Leinenarten ausprobieren.

Hier sind zwei Methoden zum Aufschießen zweier der gebräuchlichsten Leinenarten, dreischäftige (oder geschlagene) Leinen und geflochtene Leinen. Wer diese Methoden vor dem Segeltörn übt, dürfte bei den Crewkameraden ziemlich Eindruck schinden.

Siehe auch **Knoten** (S. 45–50)

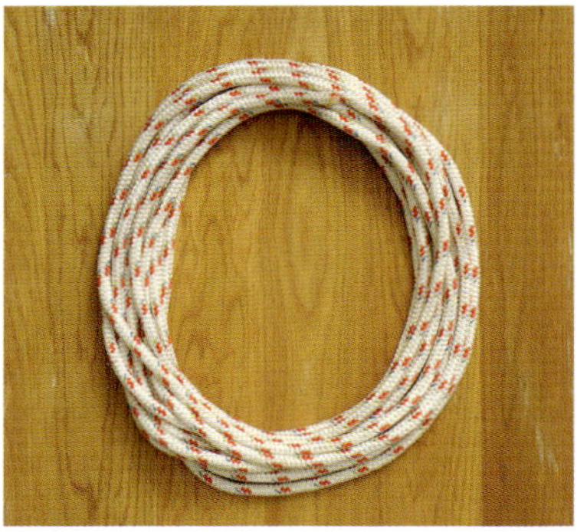

1. *Zum Aufschießen einer geflochtenen Leine hält man das Ende in einer Hand und legt mit der anderen Hand gleich lange Buchten.*

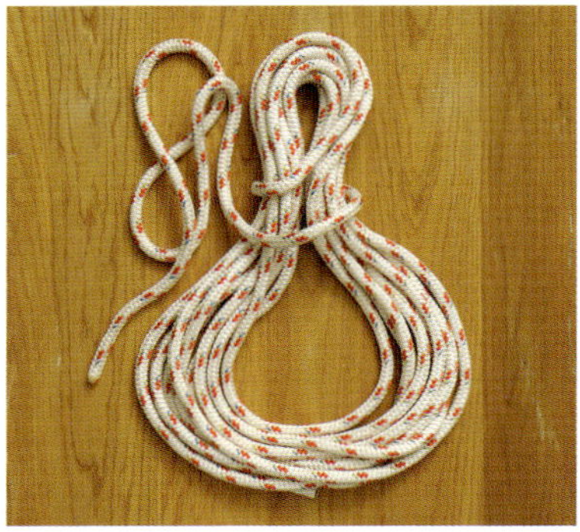

2. *Die beiden oberen Buchten abnehmen und im oberen Drittel um die aufgeschossene Leine wickeln.*

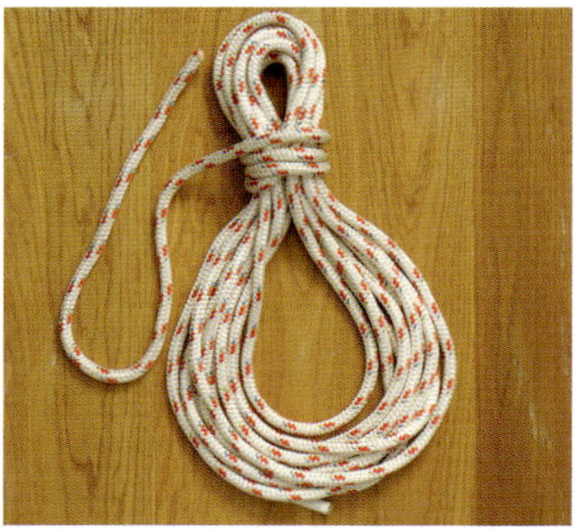

3. *Mindestens drei Törns um die Leine legen, so dass wenigstens eine halbe Bucht zum Festbinden bleibt.*

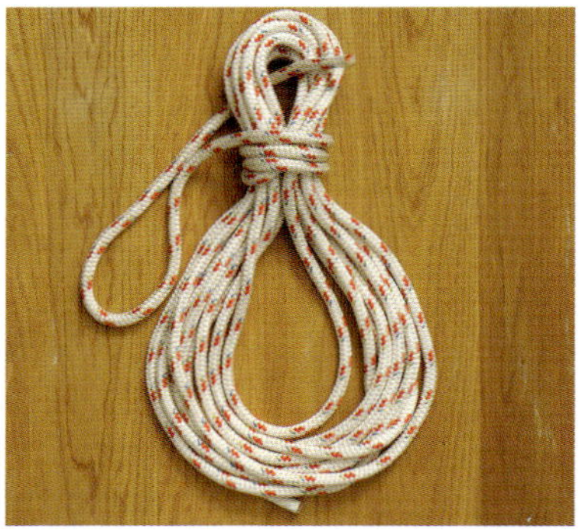

4. *Das Ende durch die obere Bucht fädeln und festziehen.*

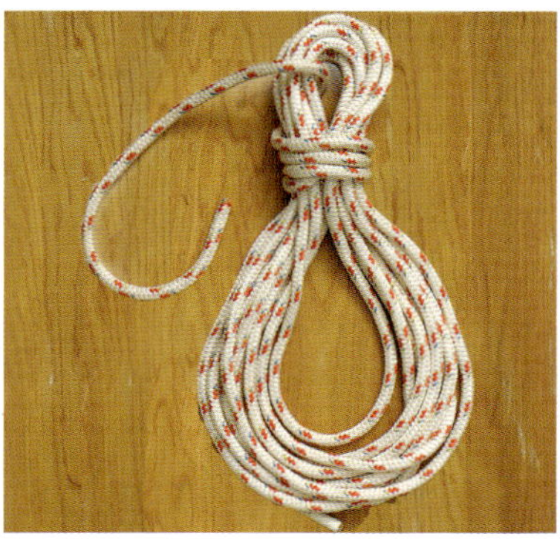

5. *Die Leine kann jetzt wie auf diesem Bild verstaut oder an einem geeigneten Platz aufgehängt werden.*

KNOTEN

Es gibt unzählige Arten von Knoten, die an Bord traditioneller Segelschiffe für alle erdenkliche Zwecke verwendet werden. Zu lernen, wie man all diese Knoten steckt, würde Jahre dauern, aber die meisten Fahrtensegler kommen heute mit nur einigen wenigen aus. Die sind aber alle nützlich und auf jeden Fall lernenswert.

Terminologie

Begriffe und Jargon rund um Knoten sind manchmal etwas verwirrend. Da ist es schon hilfreich, die folgenden Begriffe zu kennen und zu verstehen:

- **Tampen** – das lose Ende einer Leine oder ein kurzes Stück Leine
- **Bucht** – in U-Form gelegter Tampen
- **Auge** – ringförmige Knotengrundform
- **Bund** – eine Reihe übereinandergelegter Buchten
- **Stehende Part** – Teil der Leine von der Last bis zum Knoten
- **Lose Part** – Teil der Leine, mit dem der Knoten gesteckt wird

Grundlegende Knoten

Das sind die nützlichsten Knoten an Bord:

- **Rundtörn mit zwei halben Schlägen**
- **Webeleinstek**
- **Achtknoten**
- **Kreuzknoten**
- **Palstek**
- **Schotstek**

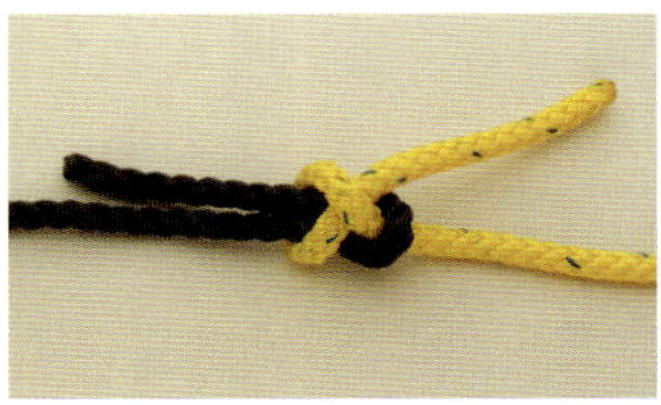

Es gibt unzählige Arten von Knoten, die an Bord für alle erdenkliche Zwecke verwendet werden. Am besten beginnt man mit einigen wenigen, die man dann aber richtig lernt.

Wenn man diese Knoten beherrscht, wird man schnell zum geschätzten Crewmitglied – Knoten werden an Bord häufig gebraucht und entsprechend zahlreich sind die Gelegenheiten zum Üben. Wenn ein Knoten nicht richtig gesteckt wird und sich löst, kann das zu Unmutsäußerungen in Form schlagender Segel und genervter Mitsegler führen.

Knoten müssen geübt werden, bis man sie mit verbundenen Augen knüpfen kann. Dann klappt das auch in der Dunkelheit – falls das jemals erforderlich sein sollte.

Rundtörn und zwei halbe Schläge

Anwendung: Befestigung eines Tampens an einem Pfosten oder Ring.

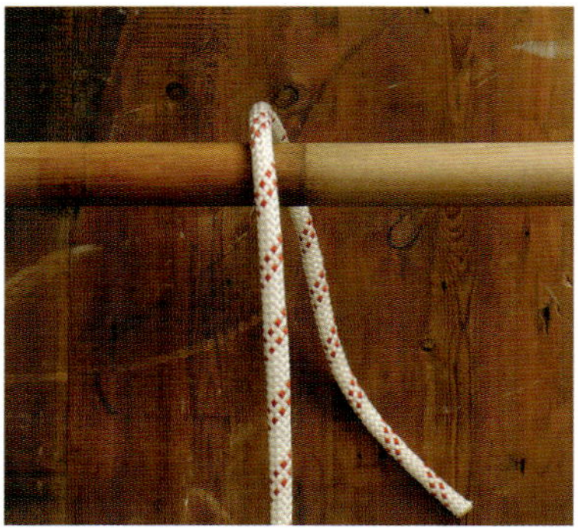

1. *Ende um das Objekt legen.*

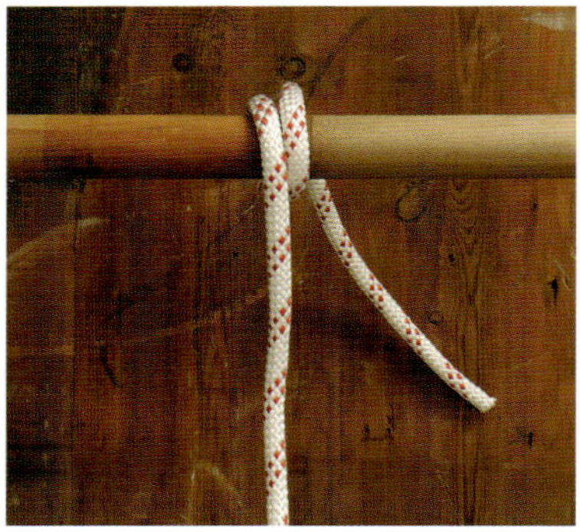

2. *Weiteren Törn herumlegen.*

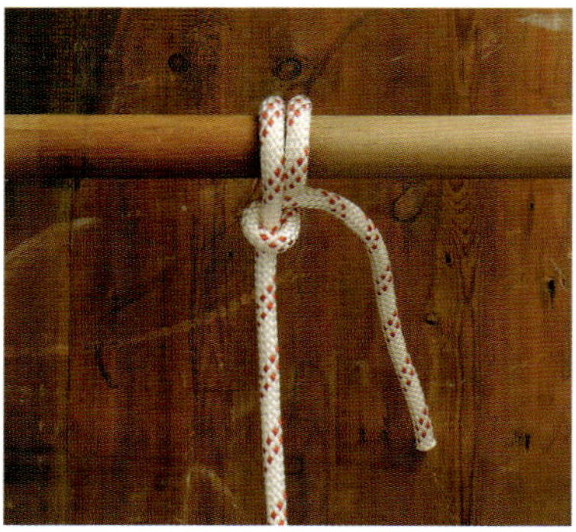

3. *Loses Ende über die stehende Part und zwischen den beiden Parten hindurchführen.*

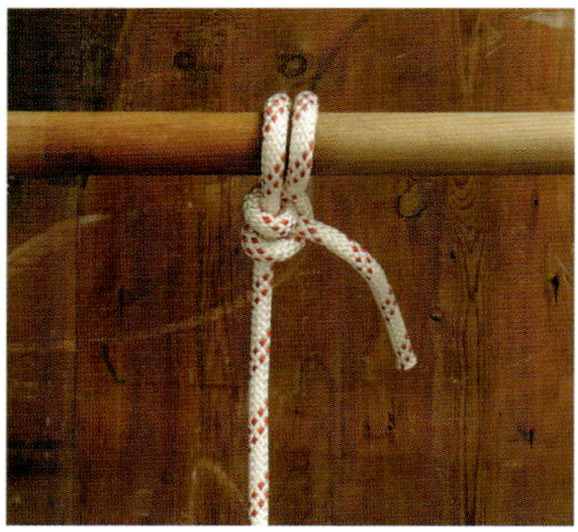

4. *Loses Ende erneut um die stehende Part herum und zwischen den Parten hindurchführen.*

TIPP

Zum Üben einen Tampen mit Rundtörn und zwei halben Schlägen an einem Poller oder Ring festmachen.

Webeleinstek

Anwendung: Befestigung eines Tampens an Pfosten, Pollern, Ringen oder Relingsdrähten.

TIPP

Üben, einen Fender mit Webeleinstek auszubringen – diese Aufgabe muss jeder an Bord beherrschen.

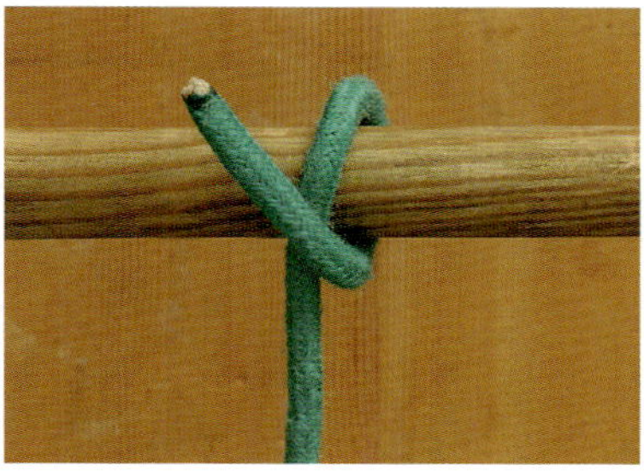

1. Lose Part um das Objekt und diagonal zurück über die stehende Part legen.

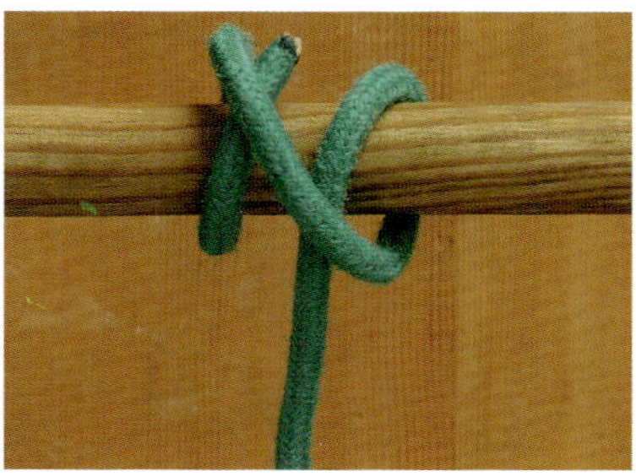

2. Lose Part um das Objekt und durch das Auge zurückführen.

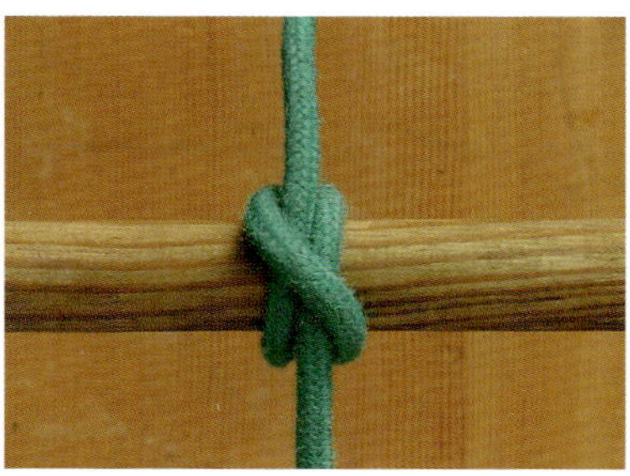

3. Festziehen.

Achtknoten

Anwendung: Stopperknoten, verhindert, dass die Leine durch eine Öffnung rutscht, z. B. durch einen Block oder Ring.

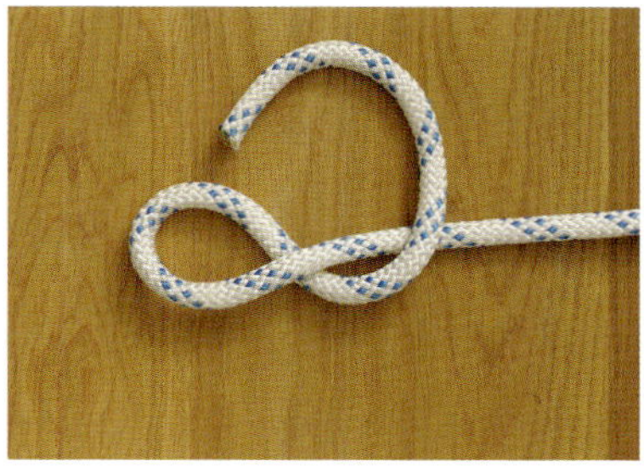

1. Eine Bucht legen und die lose über die stehende Part legen, so dass ein Auge entsteht.

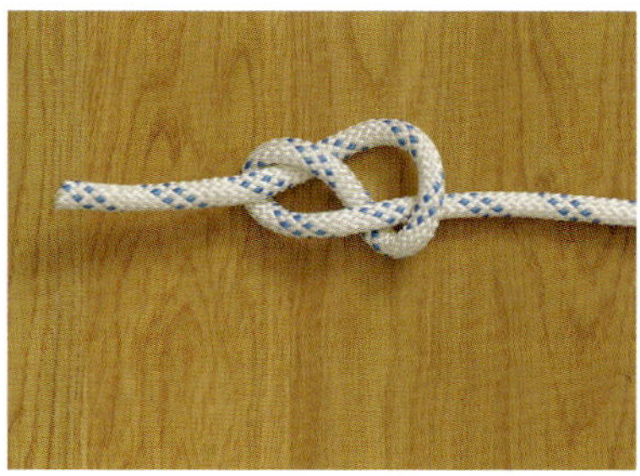

2. Lose Part durch das Auge führen.

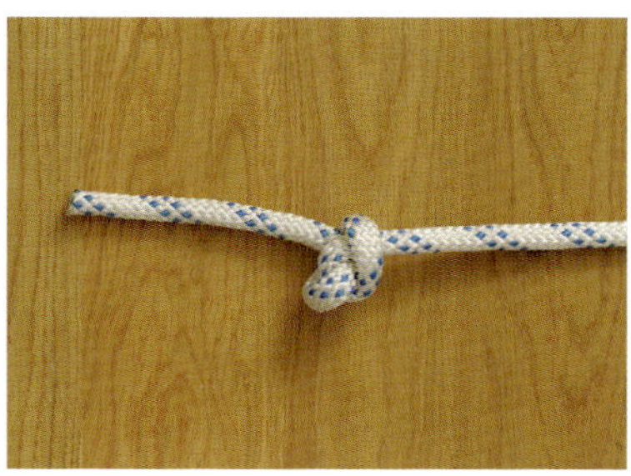

3. Knoten an beiden Enden fassen und zuziehen.

Kreuzknoten

Anwendung: Verbinden zweier Enden, oft benutzt zum Festzurren der Reffbändsel beim Reffen; zum Üben können auch Schnürsenkel verwendet werden.

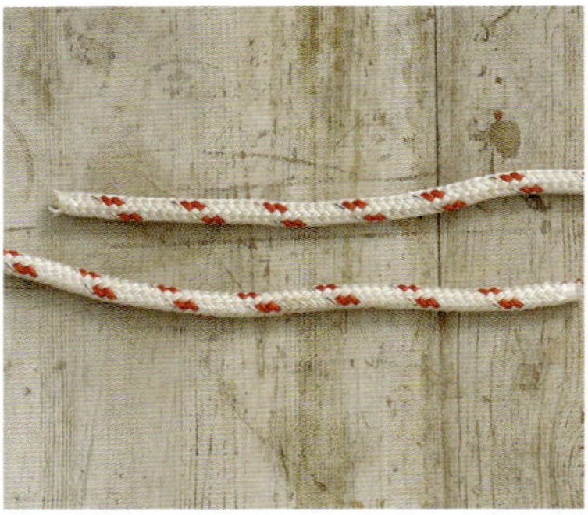

1. *Das Ende des einen Tampens als lose Part verwenden.*

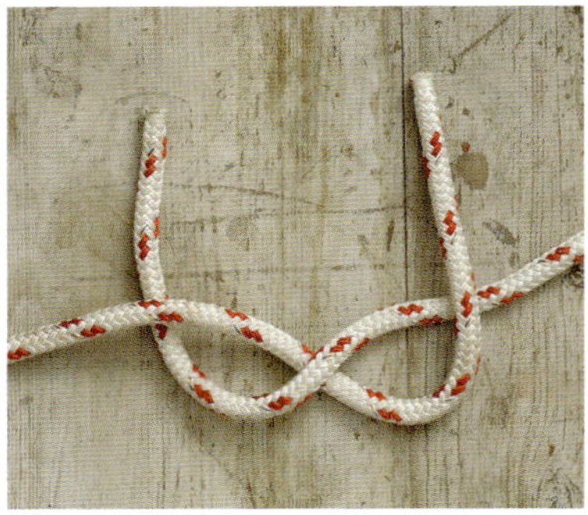

2. *Rechts über links, dann unterdurch.*

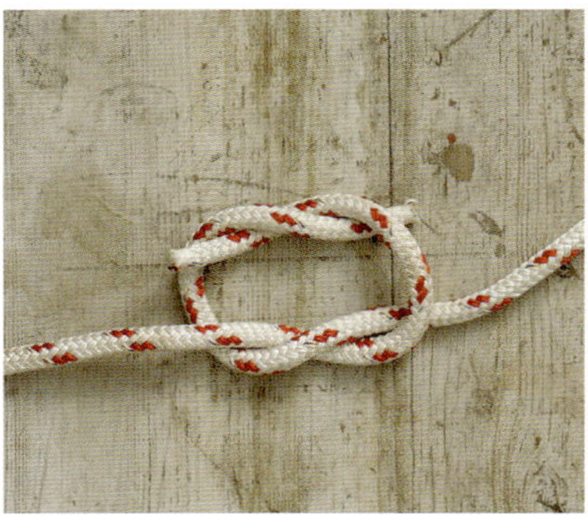

3. *Links über rechts und untendurch.*

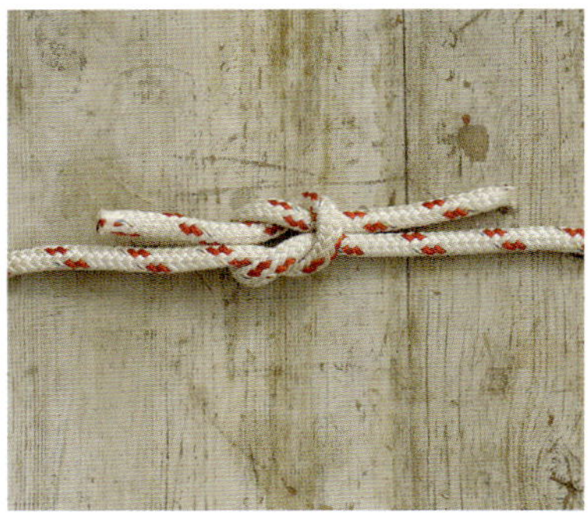

4. *Festzurren.*

Palstek

Anwendung: Festes Auge am Ende einer Leine, findet vielfach Verwendung an Bord, beispielsweise zum Festmachen an einem Poller oder zur Befestigung der Fockschot am Segel; diesen Knoten sollte man mit verbundenen Augen beherrschen!

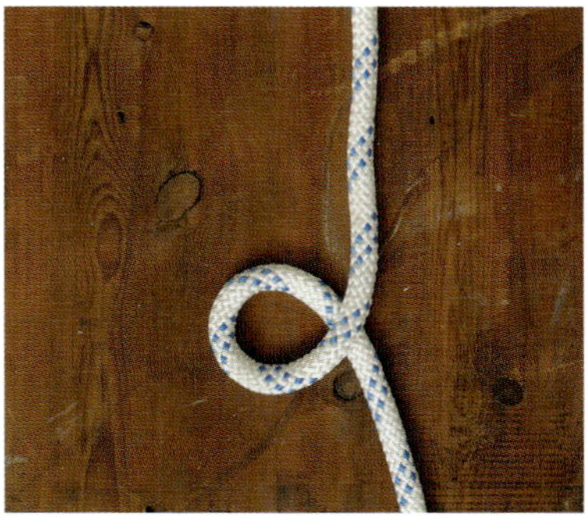

1. Am Ende einer Leine ein kleines Auge bilden.

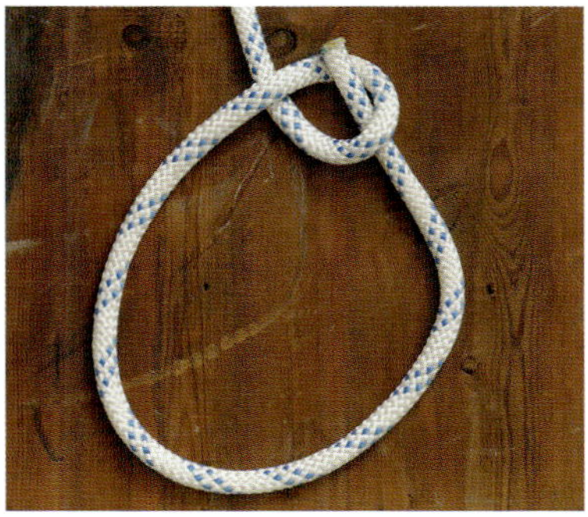

2. Lose Part von hinten durch dieses Auge führen.

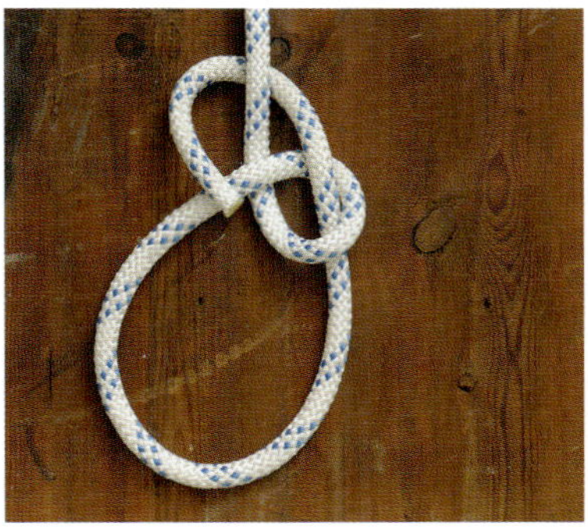

3. Lose Part anschließend hinten um die stehende Part führen.

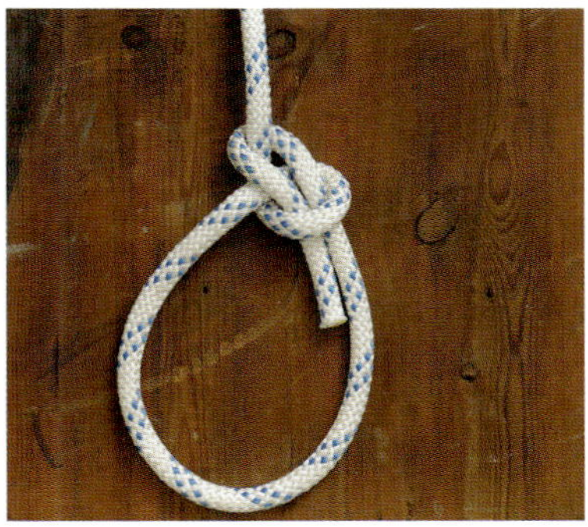

4. Lose Part nach unten durch das kleine Auge stecken und festzurren – darauf achten, dass die verbleibende lose Part noch lang genug ist.

TIPP

Als Eselbrücke stellt man sich das Auge als Kaninchenbau und die stehende Part als Baum vor. Das Kaninchen kommt aus dem Bau, läuft um den Bau herum und verschwindet wieder im Bau.

Schotstek

Anwendung: Verbinden zweier Leinen

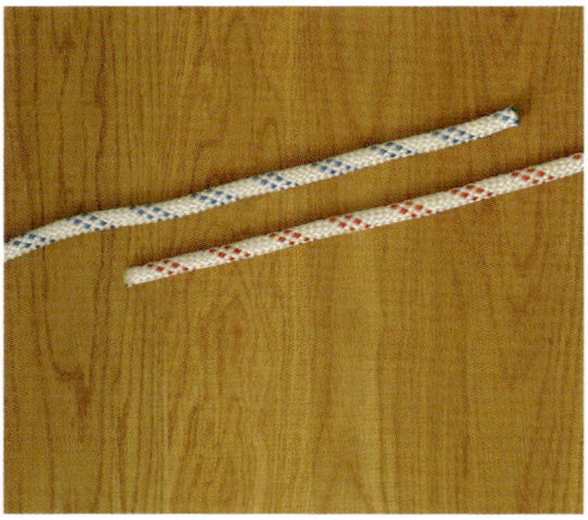

1. *Der Schotstek ist besonders nützlich zum Verbinden zweier verschieden dicker Leinen.*

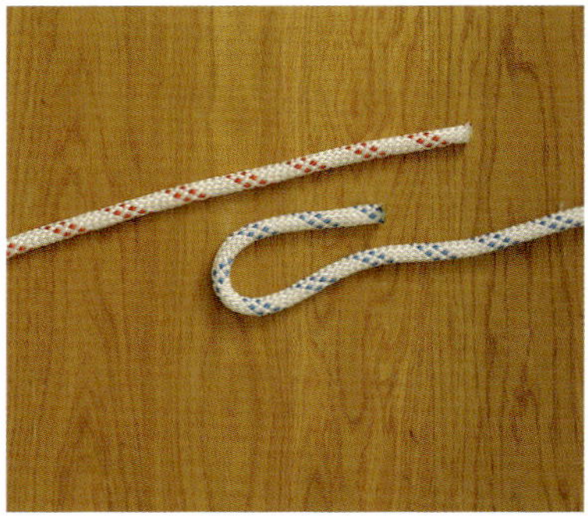

2. *Am Ende der einen Leine (der dickeren) eine Bucht legen.*

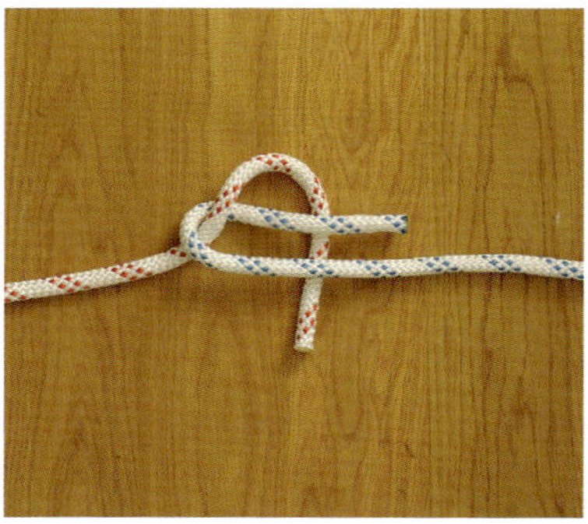

3. *Die andere Leine von unten in die Bucht einführen, dann um die Bucht herumlegen, so dass sich beide Enden auf derselben Seite befinden.*

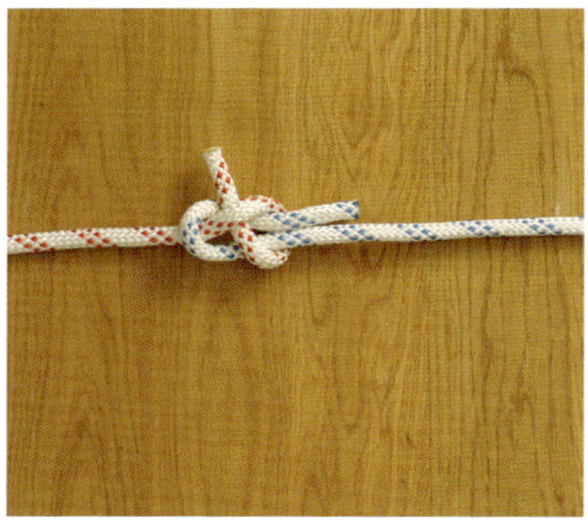

4. *Das Ende der zweiten (dünneren) Leine unter der eigenen stehenden Part durchführen und festzurren.*

TIPP

Die beiden freien Enden müssen sich auf derselben Seite des Knotens befinden, weil sonst die Gefahr besteht, dass der Knoten loskommt.

WINSCHEN

Die großen Segel einer Fahrtenyacht üben einen beträchtlichen Zug auf die Fallen und Schoten aus, mit denen sie an Ort und Stelle gehalten und getrimmt werden. Winschen sind die trommelförmigen mechanischen Vorrichtungen, mit denen die Leinen beim Trimmen dichtgeholt oder gefiert werden.

Eine durchschnittliche Fahrtenyacht hat mehrere Winschen im Bereich des Cockpits und teilweise auch auf beiden Seiten des Mastes.

SO FUNKTIONIERT EINE WINSCH

Eine Winsch übt Reibung auf die Leine aus und hält sie so fest. Am besten wird die Winsch von zwei Crewmitgliedern bedient, wobei einer kurbelt und der andere das freie Ende führt.

Viele Winschen besitzen eine Selbstholvorrichtung, die die Leine einklemmt, so dass sie sich nicht abspulen kann; diese Winschen können auch von einer Person bedient werden.

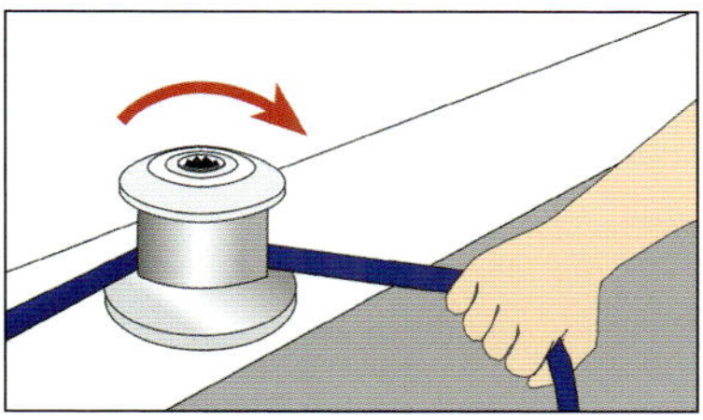

1. *Leine von unten im Uhrzeigersinn um die Trommel legen.*

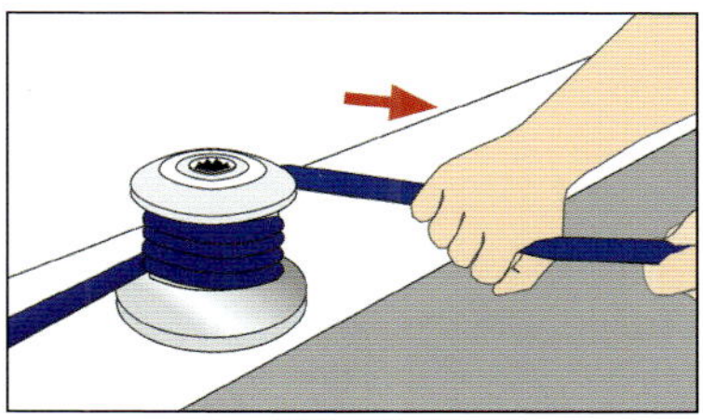

2. *Leine drei- oder viermal um die Trommel wickeln; das erhöht den Reibungswiderstand und sorgt für effizientes Arbeiten.*

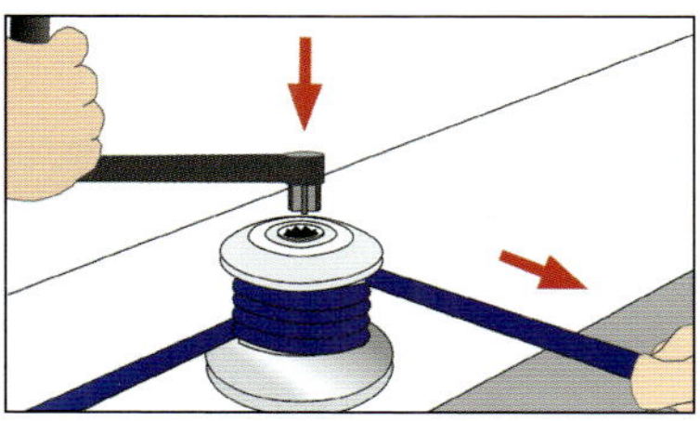

3. *Winschkurbel einsetzen und drehen, um die Leine dichtzuholen.*

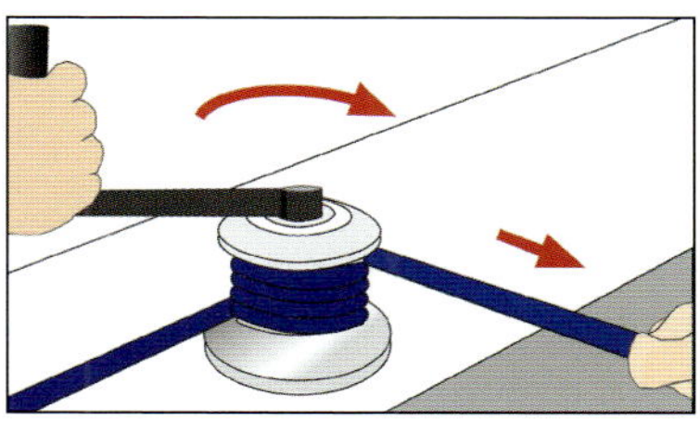

4. *Während die eine Person kurbelt, zieht die andere am freien Ende der Leine. Zum Schluss Leine auf eine Klampe legen, damit sie unter Spannung bleibt. Winschkurbel abnehmen.*

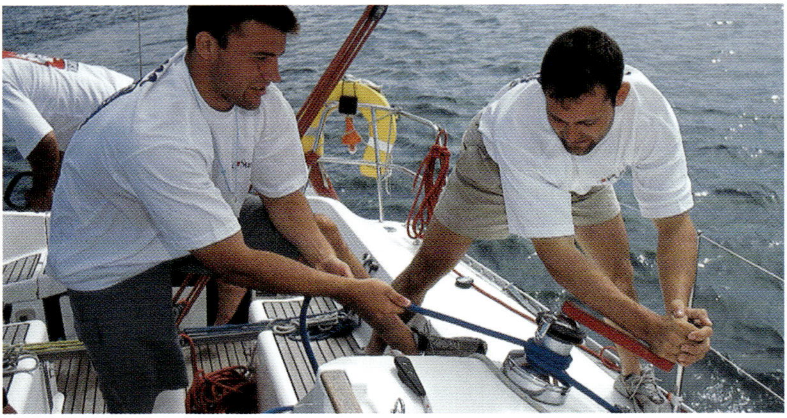

Bekneifen

Es ist wichtig, dass sich die Windungen der Leine nicht auf der Trommel überlappen. Durch dieses so genannte Bekneifen blockiert die Winsch.

Schot fieren

Der Skipper könnte anordnen, eine unter Spannung stehende Schot etwas zu fieren. Das geschieht folgendermaßen:

TIPPS

- *Wenn man vergessen hat, in welche Richtung die Winsch dreht, gibt man ihr einen leichten Stoß, bevor man die Leine herumlegt.*
- *Lose vor Belasten der Winsch aufnehmen, damit es nicht zum Bekneifen kommt.*
- *Mindestens drei Windungen um die Trommel legen, bevor Zug auf die Leine kommt.*
- *Hände von der Winsch fernhalten, damit die Finger nicht eingeklemmt werden.*
- *Schoten mit dem Handballen fieren, damit die Finger nicht in Gefahr geraten.*

1. Schot von der Klampe nehmen.
2. Ende der Schot fest auf der Winsch belegen.
3. Die Windungen auf der Winsch mit dem Handballen andrücken.
4. Druck langsam vermindern und die Schot langsam auf der Winsch rutschen lassen.
5. Schot wieder auf der Klampe belegen, wenn sie weit genug gefiert ist.

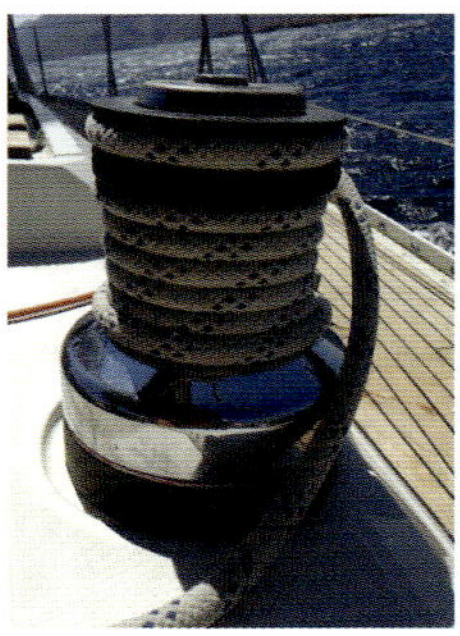

Eine selbstholende Winsch unter Last.

FESTMACHELEINEN

Um ein Boot längsseits am Steg oder Kai festzumachen, verwendet man normalerweise eine Reihe von Festmacheleinen. Wie bei vielen Aufgaben im Segelsport gibt es hier sowohl beim Anlegen als auch beim Ablegen eine richtige und eine falsche Vorgehensweise.

Zu wissen, wie man mit den Festmacheleinen richtig umgeht, ist für die Crewmitglieder eine wichtige Fertigkeit, die es ebenso zu erlernen gilt wie das Wissen, wie man die Leinen sicher und ungefährdet festmacht.

Klampen, Ringe und Pfosten

Festmacheleinen können an einer Vielzahl von Objekten an Land belegt werden, darunter Klampen, Ringe und Pfosten oder Poller. Welche Knoten dafür benutzt werden, ist abhängig von der Art des Objekts. Folgende kommen in Frage:

- Kreuzweises Belegen mit Kopfschlag – Leine auf Klampe
- Rundtörn und zwei halbe Schläge – Festmachen an Ring oder Poller
- Palstek – sicheres Auge auf Klampe oder an Ring.

Sobald das Boot sicher vertäut ist, führt man die Leine am besten von Land wieder zurück an Bord, wo sie dann ordentlich verstaut werden kann.

Längsseits am Steg

Um das Boot an einem Ponton oder Steg zu sichern, wird eine Reihe von Leinen verwendet. Die Seite des Bootes wird durch Fender an der Reling geschützt.

Die Vorleine verläuft nach vorne vom Bug zum Steg, die Achterleine vom Heck achteraus. Andere Leinen, die »Springs«, verlaufen vom Bug nach ach-

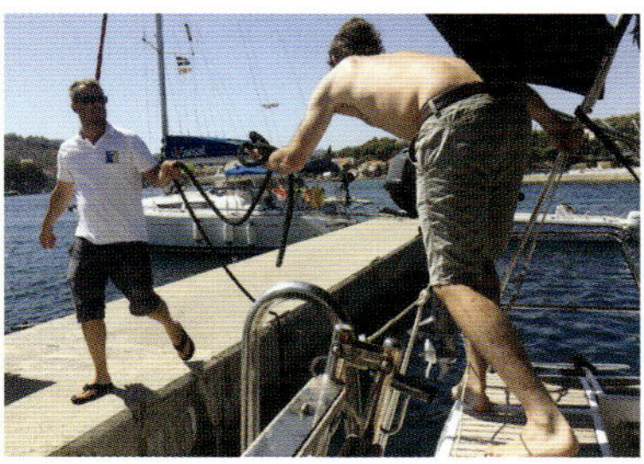

▲ In Marinas trifft man oft auf freundliche Menschen, die die Festmacheleinen übernehmen, so dass die Crew sich nur noch um das sichere Belegen an Bord kümmern muss.

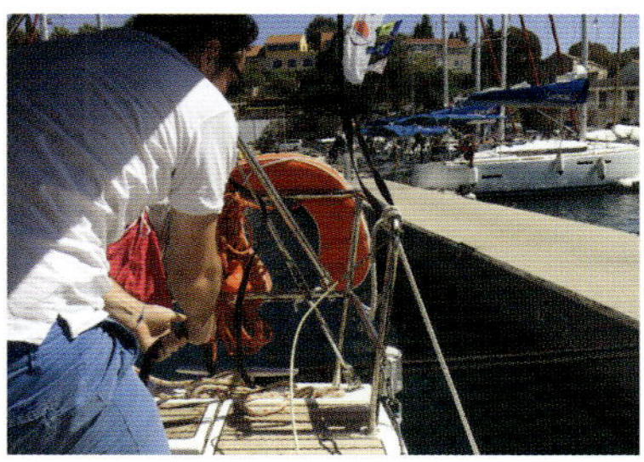

▲ Sobald die Leine sicher an Land belegt ist, nimmt man die Lose an Bord auf und belegt sie dort auf einer Klampe.

tern und vom Heck nach vorn. Diese Springleinen verhindern, dass sich das Boot am Steg entlang vorwärts bzw. achteraus bewegt.

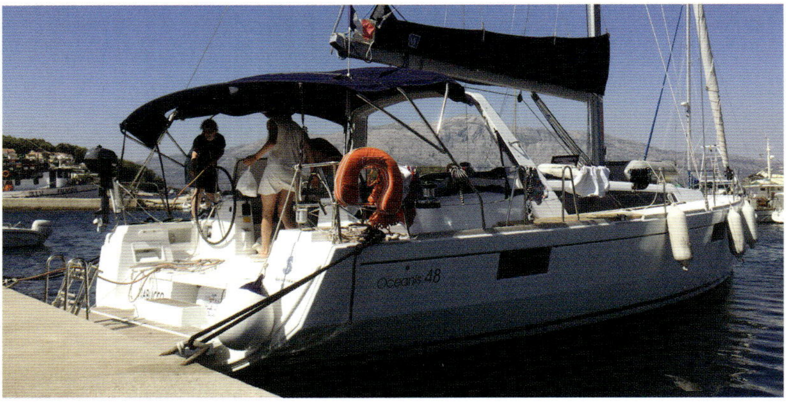

▲ *Diese Yacht liegt mit dem Heck am Steg; dafür mussten etwa drei Bootslängen vor dem Bug bei Achterausfahrt ein Buganker geworfen und zwei Heckleinen zum Steg ausgebracht werden.*

Heck zum Steg

Ein Boot, das mit dem Heck am Steg liegt, wird dort durch zwei Achterleinen und am Bug durch einen Anker oder eine Muringboje gehalten.

Gezeiten

Wenn ein Boot in Tidengewässern längsseits am Kai liegt, muss das Steigen und Fallen des Wassers berücksichtigt werden. Das bedeutet, dass die Crew sich durchgehend um die Leinen kümmern oder dass genügend Lose in den Leinen gelassen werden muss, wenn das Boot sich eine Zeitlang selbst überlassen werden soll. Letzteres ist allerdings keine gute Lösung, weil es zu Kollisionen mit dem Kai oder anderen Booten kommen könnte. Außerdem besteht die Möglichkeit, dass die Festmacheleinen sich mit denen anderer Boote »vertörnen«.

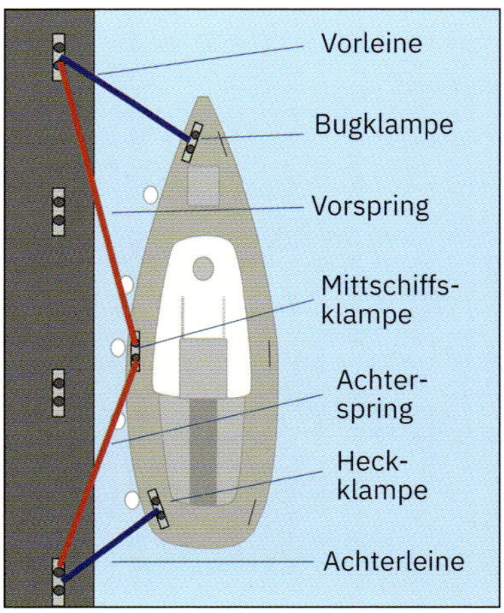

▲ *Längsseits am Steg bringt man in der Regel vier Leinen aus – Vorleine, Vorspring, Achterspring und Achterleine.*

Schwimmstege steigen und fallen mit dem Wasser, so dass die Leinen dort nicht gefiert oder dichtgeholt werden müssen.

Leitösen

Festmacheleinen sind anfällig für Schamfilen an den Stellen, an denen sie sich an Klampen und verschiedenen Teilen des Bootes, des Schwimmstegs oder der Hafenmauer scheuern. Zum Schutz gegen Schamfilen werden die Leinen durch so genannte Leitösen oder Leitklampen am Boot geführt, die aus Metall, Holz oder Kunststoff bestehen. Die Leinen können außerdem durch dicke Plastikschläuche gezogen werden.

TIPPS

- *Springleinen verhindern, dass sich ein längsseits liegendes Boot voraus oder achteraus bewegt.*
- *Die besten Knoten für die Befestigung von Leinen auf Klampen und an Ringen und Pfosten lernen.*
- *Nicht benötigte Enden nicht auf dem Steg liegen lassen, sondern an Bord verstauen.*

Siehe auch **Knoten** (S. 45–50).

ABLEGEN UND AUSLAUFEN

Vor dem Auslaufen wird oft darüber diskutiert, wie man den Liegeplatz am besten verlässt. Dabei ist folgendes zu bedenken:

- **Tide** – welche Richtung der Tidenstrom hat und ob die Tide steigt oder fällt, ist eine wichtige Überlegung, weil man leichter mit der als gegen die Tide ablegt.
- **Wind** – drückt der Wind das Boot gegen den Steg oder von ihm weg? Das beeinflusst die Reihenfolge, in der die Leinen losgeworfen werden.
- **Wettervorhersage** – wenn ein heftiger Sturm vorausgesagt wird, stellt man das Auslaufen besser zurück (siehe Wettervorhersage, S. 98).

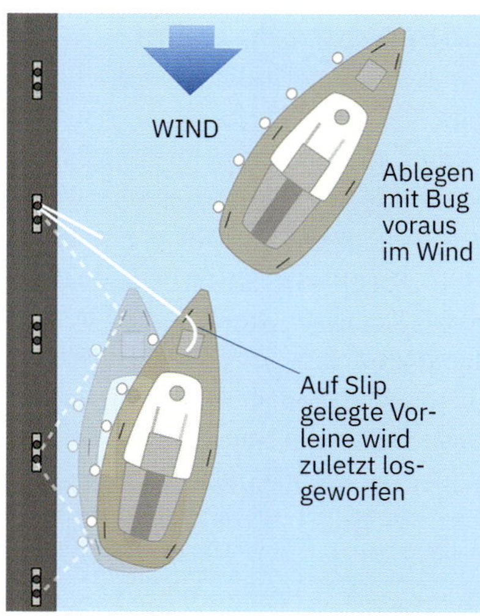

Zum Ablegen werden die Leinen in der vom Skipper vorgegebenen Reihenfolge gelöst. Unter normalen Umständen kommen zuerst die Springleinen und dann je nach Wind- und Stromrichtung entweder die Vor- oder die Achterleine.

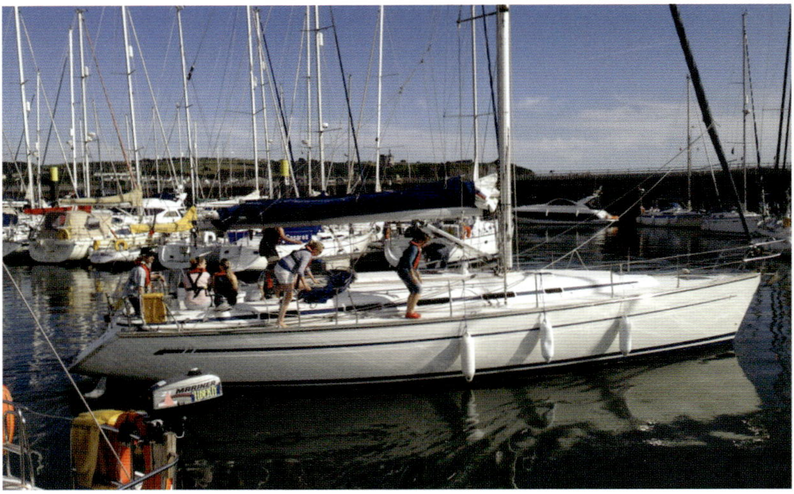

Sobald die Yacht vom Liegeplatz frei ist, werden die Leinen aufgeschossen, die Fender eingeholt und alles ordentlich verstaut.

Zum Ablegen werden die Leinen in der vom Skipper vorgegebenen Reihenfolge gelöst. Unter normalen Umständen kommen zuerst die Springleinen und dann je nach Wind- und Stromrichtung entweder die Vor- oder die Achterleine.

Manchmal erschweren Wind und Strom das Ablegen, so dass zusätzliche Leinen und Fender benötigt werden. Der Skipper überlegt sich dazu eine Vorgehensweise und weist der Crew bestimmte Leinen zu, die sie dann auf Befehl einsetzt.

Leinen auf Slip legen

Vor der Abfahrt müssen möglicherweise einige der Festmacheleinen neu belegt werden, so dass sie schnell gelöst und wieder an Bord geholt werden können, sobald der Skipper das anordnet. Dazu muss ein Crewmitglied die Leine auf dem Steg lösen und in einer langen Bucht um oder durch die Festmacherklampe legen, so dass beide Enden der Leine wieder an Bord geführt werden können, damit sie vom Boot aus gelöst werden kann.

TIPPS

- *Üben, eine Leine auf Slip zu legen, so dass sie sich nirgendwo verhakt.*
- *Leinen nur auf Aufforderung des Skippers lösen.*
- *Als erstes werden in der Regel die Leinen losgeworfen, die nicht unter Spannung stehen.*

Siehe auch **Ankunft am Liegeplatz** (S. 57–58)

ANKUNFT AM LIEGEPLATZ

Beim Einlaufen in den Hafen lässt der Skipper das Boot zum Anlegen vorbereiten. Der Motor wird angelassen, die Segel niedergeholt und verstaut und die Leinen aufgeschossen. Vor Erreichen des vorgesehenen Liegeplatzes lässt der Skipper die Festmacheleinen und die Fender bereitmachen – normalerweise nur auf einer Seite des Bootes, manchmal aber auch auf beiden Seiten.

Festmacheleinen

Die Festmacheleinen werden auf Klampen an Bug und Heck belegt. In der Regel werden am Bug und am Heck jeweils zwei Leinen vorbereitet. Sie werden unter der Reling hindurch und zurück über die Reling geführt, dann aufgeschossen, so dass sie an Land übergeben und belegt werden können .

Fender

Fender haben kurze Tampen, die mit einem Webeleinstek an der Reling befestigt werden. Der Fender muss knapp über dem Wasserspiegel hängen, damit er den Rumpf an seinen breitesten Stellen schützt, wenn das Boot längsseits liegt. Der Webeleinstek ist leicht verstellbar und daher ideal, um den Fender in der richtigen Höhe und Position zum Schutz des Rumpfes auszubringen.

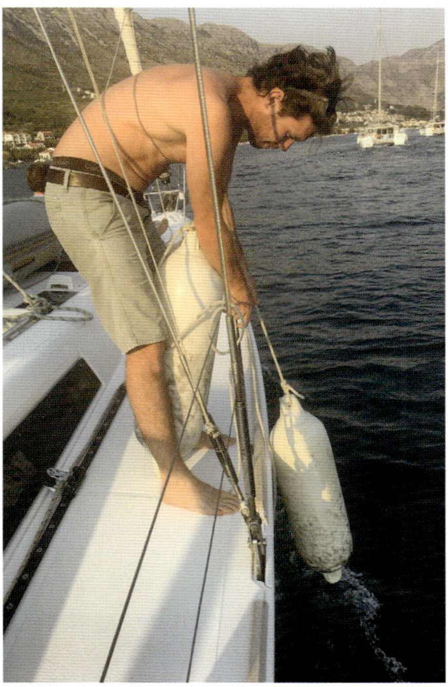

Anlegen

Am besten steuert man den Liegeplatz gegen den Wind an, da dieser das Boot zusätzlich abbremst. Wind von achteraus erschwert das Aufstoppen.

Bei starkem Tidenstrom legt der Skipper wahrscheinlich gegen den Strom an.

Die Fender müssen knapp oberhalb des Wasserspiegels hängen, damit der Rumpf geschützt ist, wenn das Boot längsseits liegt.

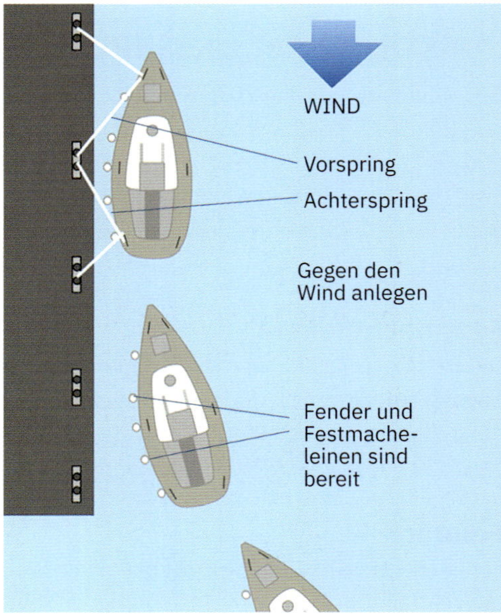

Einen Liegeplatz steuert man am besten gegen Wind und Strom an. Das verlangsamt die Fahrt, und das Boot bleibt unter Kontrolle.

Vom Boot auf den Steg treten

Das für eine Leine verantwortliche Crewmitglied begibt sich mit der Leine zum breitesten Punkt an Deck und geht dort an Land. Darauf achten, dass die Leine außerhalb von Reling und Wanten bleibt.

Wenn das Boot längsseits gekommen ist, auf Befehl des Skippers schnell von Bord springen und die Leine auf einer Klampe belegen. Vorleinen auf gleicher Höhe oder kurz vor dem Bug belegen, Achterleinen auf Höhe des Hecks oder knapp dahinter.

Siehe auch **Ablegen** (S. 55–56); **Knoten** (S. 45–50)

TIPPS

- *Belegen auf der Klampe mit Kopfschlag, Rundtörn mit zwei halben Schlägen und Palstek üben.*
- *Darauf achten, dass die Festmacheleinen vor dem Anlegen nicht hinter dem Boot schwimmen.*
- *Erst an Land gehen, wenn der Skipper das für sicher erklärt hat.*

KAPITEL 06

TÄTIGKEITEN AUF SEE

Es herrscht manchmal eine ziemliche Hektik wenn ein Segelboot den Hafen verlässt und auf Fahrt geht. Die gesamte Crew arbeitet als Team und fungiert abwechselnd als Segeltrimmer, Rudergänger oder Ausguck.

In diesem Kapitel geht es um die wichtigsten Tätigkeiten, die die Crew während der Fahrt wahrnehmen muss. Dazu gehören:

- **Segel setzen** – Erst wenn die Segel gesetzt sind, lebt ein Segelboot.
- **Ausguck halten** – Besonders unter Segel gibt es auf einer Segelyacht jede Menge toter Winkel. Der Rudergänger benötigt jede verfügbare Hilfe, um Ausschau zu halten nach anderen Booten oder Gegenständen im Wasser.
- **Steuern** – Ein Segelboot zu steuern macht viel Spaß, benötigt aber auch eine Menge an Konzentration; die Crewmitglieder wechseln sich deshalb regelmäßig ab.
- **Segel trimmen** – Wenn der Wind Richtung und Stärke ändert, muss die Segelstellung entsprechend angepasst werden, damit man die beste Leistung herausholt.
- **Wenden** – Wenn das Boot im Zickzackkurs gegen den Wind segelt, muss es mit dem Bug durch den Wind gehen. Bei diesen Wendemanövern muss die Crew zusammenarbeiten, um auf den neuen Kurs zu kommen.
- **Halsen** – Bei diesem Manöver geht das Heck durch den Wind, wenn auf Vorwindkurs die Richtung gewechselt wird. Wie beim Wenden muss auch hier die Crew die Segel für den neuen Kurs trimmen.
- **Reffen** – Das bedeutet, dass die Segelfläche verkleinert wird, damit die Yacht unter Kontrolle bleibt, wenn der Wind zunimmt.
- **Segel wechseln** – Manchmal werden die Segel gewechselt, wenn Windstärke oder -richtung sich ändern.
- **Segel niederholen** – Vor dem Ankern oder Einlaufen in den Hafen werden die Segel niedergeholt.

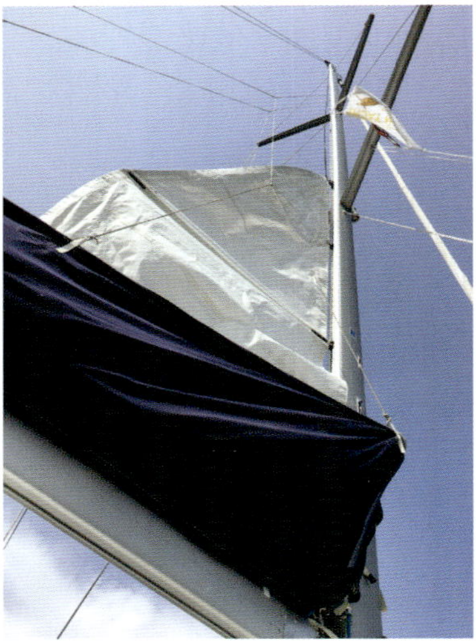

▲ Beim Aufheißen muss darauf geachtet werden, dass das Segel nicht in der Takelage unklar kommt.

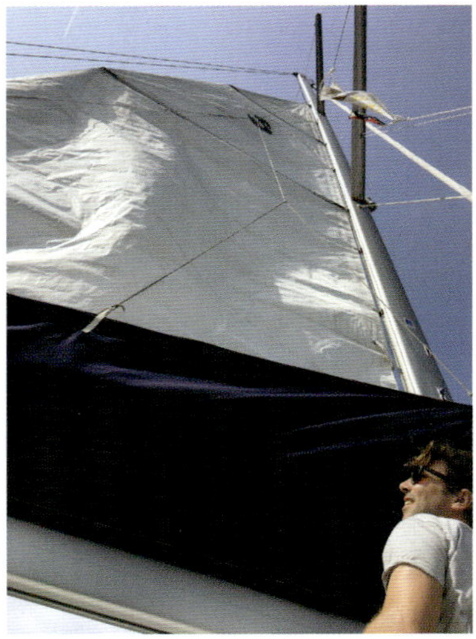

▲ Wenn das Segel aufgeheißt ist, können Baumniederholer, Unterliekstrecker und Dirk passend eingestellt werden; dann kann der Rudergänger abfallen, damit das Segel sich mit Wind füllt.

GROSSSEGEL SETZEN

Ein Segelboot erwacht zum Leben, wenn die Segel gehisst sind. Wer sich als seglerischer Neuling nicht sicher ist, was da passiert, wundert sich vielleicht, wie sich eine erfahrene Crew in die anstehende Aufgabe hineinstürzt.

Im wirklichen Leben ist das Vorgehen beim Aufheißen und Niederholen des Großsegels recht unkompliziert, sofern die Crew richtig vorgeht und als Team zusammenarbeitet:

Grundlagen des Aufheißens

- Das Großfall ist am Kopf des Segels angeschlagen.
- Das Boot wird in den Wind gesteuert, normalerweise mit laufendem Motor.
- Die Crew zieht das Segel am Großfall hoch.

In der Praxis ist es je nach Größe des Bootes, Anzahl der Crewmitglieder und Art und Weise, wie die Leinen arrangiert sind, nicht ganz so simpel.

Vorbereitung

Bevor das Segel aufgeheißt werden kann, muss die Crew mehrere Dinge erledigen, nämlich:

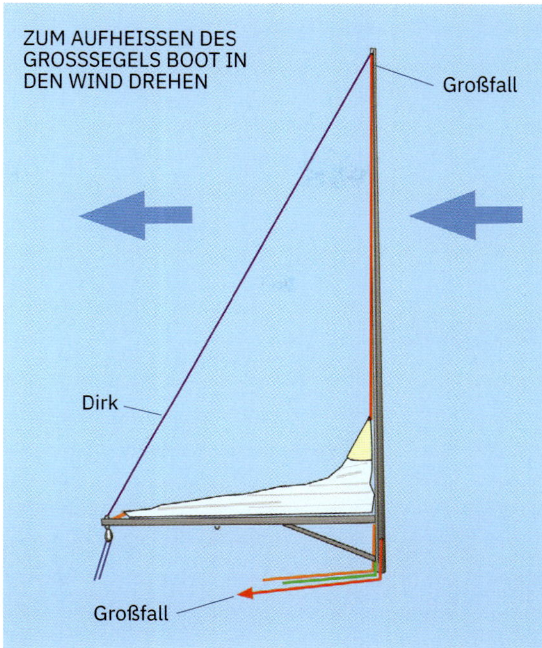

Vor dem Aufheißen des Großsegels muss das Boot mit dem Bug in den Wind gedreht werden, damit das Segel sich nicht mit Wind füllen kann.

- Luken schließen, damit niemand stolpert und hineinfällt.
- Segelkleid und Bändsel abnehmen und verstauen.
- Großfall am Kopf des Großsegels anschlagen; am anderen Ende des Falls Lose aufnehmen und ein paar Windungen um eine Winsch legen.
- Baumniederholer fieren.
- Boot unter Motor in den Wind drehen, damit das Segel sich beim Aufheißen nicht mit Wind füllt oder in der Takelage verhakt.
- Großschot fieren.

Aufheißen

- Ein oder zwei Crewmitglieder ziehen das Segel am Großfall am Mast hoch.
- Ein anderes Crewmitglied achtet darauf, dass sich das Segel nicht in der Takelage verfängt.
- Wenn das Segel aufgeheißt ist, kann das Fall auf eine Winsch gelegt werden, um bei Bedarf das Vorliek des Segels nachzuspannen. Es wird dann auf einer Klampe gesichert.

- Baumniederhalter dichtholen.
- Dirk fieren.
- Großschot dichtholen.

Das Segel ist jetzt bereit, und der Rudergänger kann abfallen, damit sich das Segel füllt und für den gewünschten Kurs getrimmt werden kann.

Siehe auch Großsegel niederholen (S. 75)

AUSGUCK

Auf See muss jederzeit ordnungsgemäß Ausguck gehalten werden. Normalerweise sind vom Steuerstand aus gesehen mehrere Bereiche nicht einsehbar, darunter alles, was durch die Vorsegel (insbesondere die Genua, die sich bis weit achteraus hinter den Mast erstreckt), den Mast selbst und die Sprayhood verdeckt wird.

Es liegt in der Verantwortung des Skippers sicherzustellen, dass mindestens ein Crewmitglied nach Gefahren im Wasser voraus Ausschau hält und das Verhalten anderer Schiffe in der Nähe beobachtet. Dabei darf der achteraus liegende Bereich nicht vergessen werden.

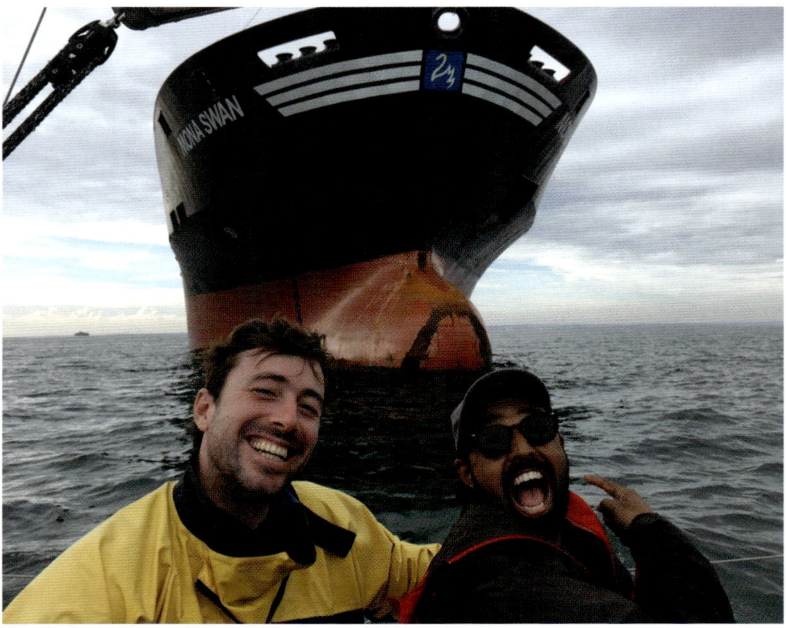

▲ *Eine der wichtigsten Aufgaben auf See ist das Ausguckhalten. Dafür muss jederzeit mindestens ein Crewmitglied eingeteilt sein.*

Wenn der Ausguck ein Ziel ortet, meldet er den Typ des Objekts, seine Peilung, seinen Kurs und seinen Winkel zum eigenen Kurs.

Der Ausguck sollte vertraut sein mit den verschiedenen Schiffstypen und den Markierungen und Bedeutungen von Seezeichen, beispielsweise Fahrwassertonnen und die verschiedenen Kardinalzeichen, die nördlich, südlich, westlich oder östlich passiert werden müssen.

TIPP
Es ist eine große Hilfe beim Ausguckhalten, wenn man die Kollisionsverhütungsregeln (KVR, siehe S. 92) kennt.

STEUERN

Ein Boot unter Segeln zu steuern ist ein wahrlich erhebendes Erlebnis, und zwar besonders, wenn eine ordentliche Brise weht. Wann immer die Chance besteht, das Ruder zu übernehmen, sollte man zugreifen, denn das ist eine der Fertigkeiten, in denen Übung den Meister macht und die zudem noch viel Spaß bringt.

Die Person am Steuer (Rudergänger oder Steuermann genannt) steuert das Boot entweder mit einem Steuerrad oder mit einer Pinne. Die meisten Yachten besitzen heute ein Steuerrad, während auf kleineren Segelbooten eher eine Pinne anzutreffen ist. Am besten übt man mit beiden, weil es einen

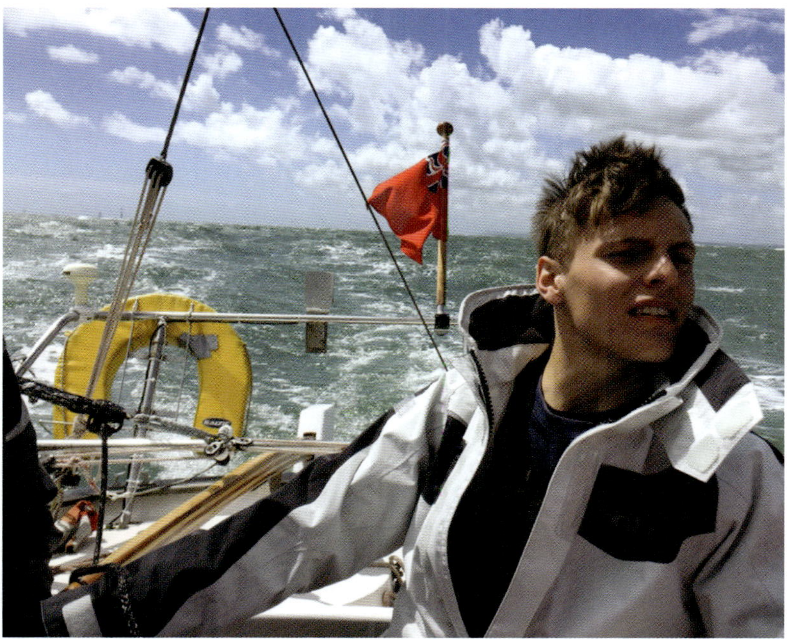

▲ *Steuern ist nur eine der vielen Crewtätigkeiten auf See. Hier bedient der Rudergänger eine Pinne.*

kleinen Unterschied in der Bedienung gibt. Die Radsteuerung funktioniert genau wie beim Auto, d. h., wenn das Rad rechtsherum (im Uhrzeigersinn) gedreht wird, fährt das Boot nach rechts. Wenn hingegen die Pinne nach rechts gedrückt wird, dreht das Boot nach links ab und umgekehrt. Das braucht ein bisschen Gewöhnung, erfolgt aber instinktiv, wenn man es erst einmal verinnerlicht hat.

Ein geschickter Rudergänger benötigt nur geringe Steuerbewegungen, um das Boot auf dem gewünschten Kurs zu halten, keine Zickzackpfade durchs Wasser zu ziehen und die Segel am Killen zu hindern.

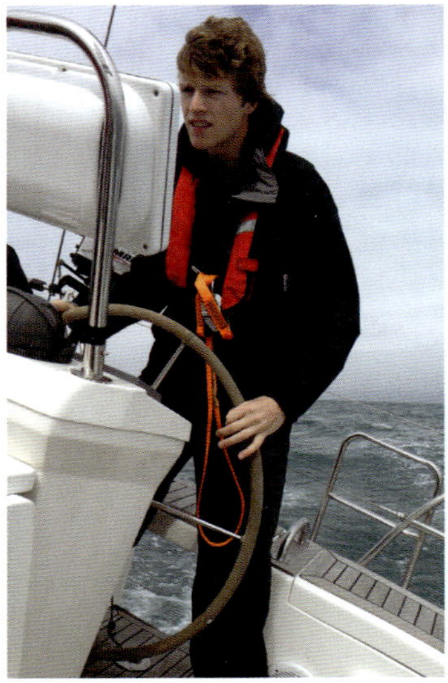

▲ *Um den gewünschten Kurs zu halten, sollte der Rudergänger möglichst kleine Bewegungen am Steuerrad machen. Das sorgt dafür, dass das Boot so effizient und reibungslos wie möglich durch das Wasser gleitet.*

Bei den ersten Versuchen muss man sich klar machen, dass dauernd kleinste Korrekturen erforderlich sind, um die Auswirkungen von Dünung, Kielwasser anderer Schiffe und Tidenstrom auszugleichen. Der Trick dabei ist, anders als beim Auto, nur geringen Druck auf Steuerrad oder Pinne auszuüben.

Der Kompass

Der Magnetkompass ist eines der ältesten Navigationsinstrumente, das Seefahrern auch heute noch den Weg zum Ziel zeigt. Auf dem Boot befindet sich der Kompass in der Nähe des Rudergängers an der Steuersäule oder an einem Schott, so dass er problemlos abzulesen ist. In der Kompassmitte verläuft der so genannte Steuerstrich, eine feste Linie, die der Mittschiffslinie entspricht und nach vorn zum Bug weist. Er entspricht der Fahrtrichtung, also dem Kurs.

TIPPS

- *Vor dem ersten eigenen Versuch einen erfahrenen Rudergänger bei der Arbeit beobachten.*
- *Das Boot konzentriert auf dem gewünschten Kurs halten, damit die Segel richtig getrimmt bleiben.*
- *Auf ein festes Objekt in der Ferne zuhalten – z. B. eine Landspitze einen Kirchturm oder auch eine langsam ziehende Wolke.*
- *Wenn sich keine Landmarken als Ziel anbieten, richtet man sich am besten nach dem Kompass.*

Wenn nun beispielsweise der Navigator 180° als neuen Kurs ansagt, lässt der Rudergänger das Boot links oder rechts herumschwingen, bis auf dem Kompass 180° anliegt, und richtet das Boot am Steuerstrich aus.

SEGELSTELLUNG

Um die Segel im Trimm zu halten, muss ihre Stellung angepasst werden, wenn Böen einfallen oder der Wind die Richtung ändert. Das ist die Aufgabe des Segeltrimmers.

Korrekt für den erforderlichen Kurs getrimmte Segel resultieren in reibungsloser, effizienter Fahrt. Dann kann sich der Rudergänger darauf konzentrieren, den gewünschten Kurs zu halten.

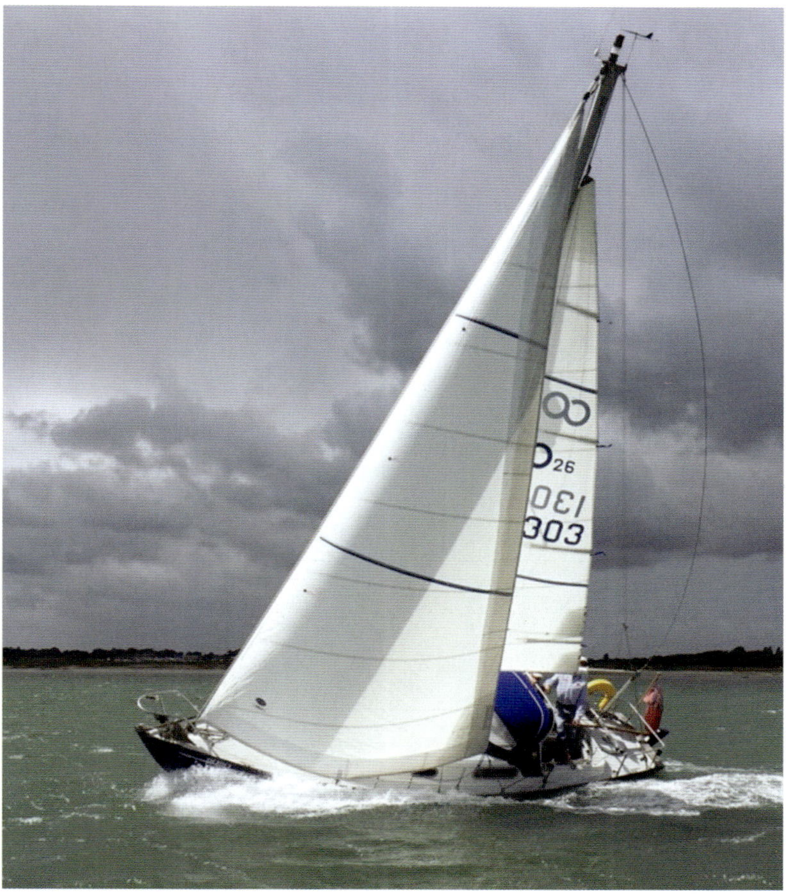

▲ *Diese Yacht segelt bei starkem Wind mit gut getrimmten Segeln und liegt dadurch auf neutralem Ruder, das keine größeren Anstrengungen erfordert.*

SEGELTRIMM

Eine Fahrtenyacht führt auf See die meiste Zeit zwei Segel – ein Vorsegel und das Großsegel. Diese beiden Segel müssen, sobald sie einmal aufgeheißt sind, so getrimmt werden, dass sie in der Form harmonieren und zusammenarbeiten, damit die Leistung optimiert wird und das Ruder neutral liegt. Neutral liegt das Ruder, wenn das Boot weder in den Wind drehen will (man spricht hier von »luvgierig«), noch sich vom Wind weg drehen will (»leegierig«).

Ein gut eingestelltes Boot segelt schneller und tendiert weniger zum Krängen als ein Boot mit schlecht getrimmten Segeln.

TIPP

Manche Crews und Skipper »spielen« dauernd mit ihren Segeln herum, während andere sie kaum anzufassen scheinen. Das liegt an der Art des Segelns: Auf Rennyachten wird die Segelstellung dauernd angepasst, wenn der Wind dreht und sich in der Stärke ändert. Auf Fahrtenyachten geht es eher ruhiger zu. Dort findet nur ein Mindestmaß an Trimmaktivitäten statt, wenn die Segel erst einmal gesetzt sind.

Segel »einstellen«

Die Segel werden getrimmt, indem die Fockschot und die Großschot »gefiert« oder »dichtgeholt« werden, anders gesagt, sie werden weiter ausgelassen oder näher angeholt. Dadurch ändern sie ihre Form und nutzen den Luftstrom zwischen sich besser aus.

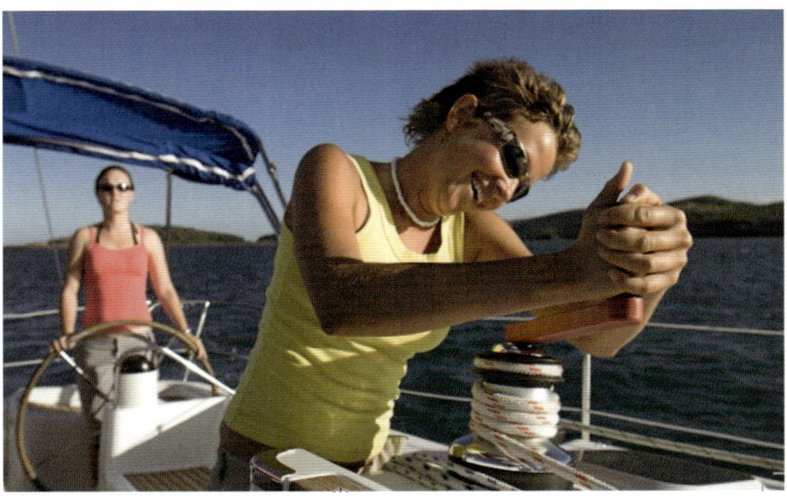

▲ *Durch Dichtholen des Vorsegels kann das Boot höher am Wind segeln.*

Wenn das Boot höher an den Wind (näher an die Windrichtung) geht, werden die Schoten dichtgeholt und dadurch die Segel flacher getrimmt. In der anderen Richtung werden die Schoten gefiert, damit die Segel »voller« werden. An den meisten Segeln finden sich so genannte »Windfäden«, an denen der Trimmer feststellen kann, wie der Wind beiderseits des Segels strömt.

Genua/Fock trimmen

- Windfäden auf beiden Seiten waagerecht – richtig getrimmt
- Windfaden auf der Innenseite zeigt aufwärts – Schot dichtholen
- Windfaden auf der Außenseite zeigt aufwärts – Schot fieren

Windfäden

An den Segeln finden sich kurze Bändsel oder Wollfäden, die so genannten »Windfäden«. Sie zeigen an, wie der Luftstrom über die Segel verläuft und damit, ob die Segel mit voller Leistung arbeiten. Wenn die Windfäden horizontal anliegen, ist das Segel richtig getrimmt.

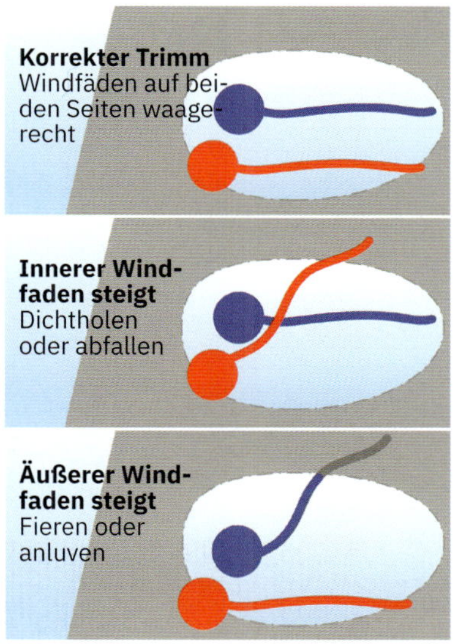

Sobald das Boot auf Kurs liegt, werden die Segel so getrimmt, dass die Windfäden horizontal am Segel anliegen. Wenn sie nicht mehr horizontal wehen, weist das darauf hin, dass das Boot vom Kurs abgekommen ist. In diesem Fall muss entweder der Rudergänger den Kurs korrigieren oder der Wind hat sich gedreht, so dass die Segel neu getrimmt werden müssen.

Großsegel trimmen

- Windfäden waagerecht, Vorliek lose – richtig getrimmt
- Segel killt – dichtholen
- Segel »klebt« am Mast – Schot fieren

Siehe auch **Kurs zum Wind** (S. 68–69)

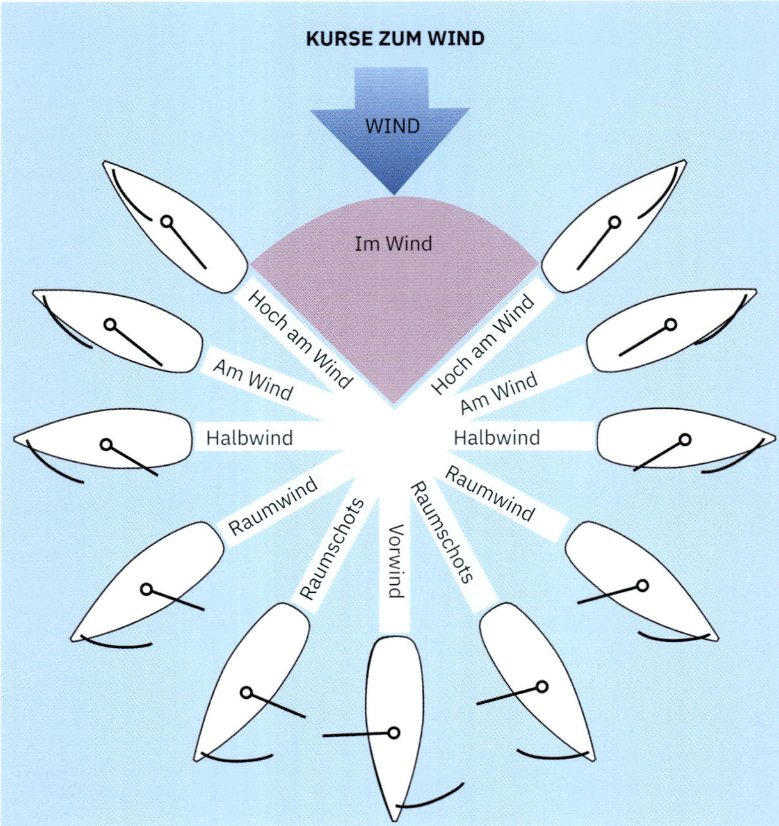

KURSE ZUM WIND

Außer direkt gegen den Wind kann ein Segelboot in jedem Winkel relativ zum Wind segeln. Dazu müssen die Segel so getrimmt werden, dass sie die beste aerodynamische Form haben, um effizient zu arbeiten.

Die verschiedenen Winkel werden insgesamt als Kurse zum Wind bezeichnet und tragen ähnlich wie die Himmelrichtungen am Kompass jeweils eigene Bezeichnungen.

Die Kurse zum Wind sind:

- **Im Wind** – Ein Segelboot kann nicht direkt in den Wind segeln, da die Segel sich nicht füllen, zu killen beginnen und keine Wirkung haben. Das Boot wird langsamer und stoppt, wenn es in den Wind dreht. Abhängig vom Design der Segel und der Konstruktion des Bootes füllen sich die Segel normalerweise erst dann, wenn das Boot in einem Winkel zwischen 40° und 45° zur Windrichtung liegt.

- **Hoch am Wind** – Das Boot liegt so nahe an der Windrichtung wie möglich. Die Segel sind dichtgeholt. Das Boot krängt nach Lee, kentert aber nicht, weil es durch das Gewicht des Kiels aufrecht gehalten und daran gehindert wird, seitwärts abgetrieben zu werden.
- **Am Wind** – Der Wind fällt vorlich der Schiffsbreite ein. Die Segel werden etwas aufgefiert. Das Boot krängt durch den Winddruck weiterhin nach Lee.
- **Halbwindkurs** – Der Wind kommt direkt von der Seite. Die Segel sind noch weiter aufgefiert. Das Boot krängt weiterhin.
- **Raumwindkurs** – Der Wind fällt achterlicher als querab ein. Die Segel sind weit aufgefiert. Es ist keine Krängung mehr im Boot.
- **Raumschotskurs** – Der Wind kommt fast genau von achteraus. Die Segel sind weit gefiert. Das Boot liegt gerade im Wasser, macht aber möglicherweise Gierbewegungen, d. h., es wird hin- und herbewegt.
- **Vorwindkurs** – Der Wind fällt genau achterlich ein. Die Schoten sind vollständig aufgefiert, und das Vorsegel wird auf die dem Großsegel gegenüber liegende Seite genommen, damit der Wind einfallen kann. Es kommt weiterhin zu Gierbewegungen.

Siehe auch **Segeltrimm** (S. 66–67)

WENDEN

Wenn eine Yacht genau gegen den Wind segeln will, muss sie einen Zickzackkurs fahren, damit die Segel ihre Arbeit tun. Das wird als Aufkreuzen bezeichnet, und die Kursbezeichnung ist hoch am Wind.

Dabei muss eine Reihe von so genannten Wenden gefahren werden, bei denen der Kurs geändert wird, indem der Bug durch den Wind dreht und die Segel auf die jeweils andere Seite genommen werden.

Das Ziel muss es sein, auf der Kreuz möglichst wenig Fahrt und das Ziel nicht aus den Augen zu verlieren. Das erfordert eine gute Abstimmung und Zusammenarbeit der Crew, während der Rudergänger das Boot durch die Wende steuert und andere Crewmitglieder die Schoten bedienen.

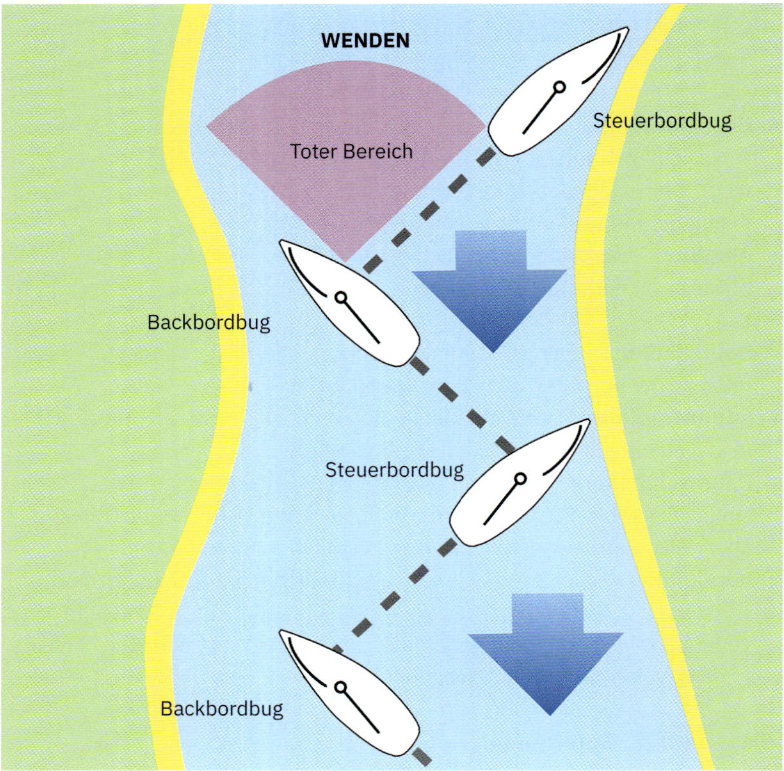

Wendemanöver

Das Wendemanöver erfordert zwei oder drei Crewmitglieder und läuft folgendermaßen ab:

- Der Skipper oder der Rudergänger entscheidet, dass es Zeit zum Wenden ist und gibt das entsprechende Kommando.
- Je nach Größe des Bootes und Anzahl der verfügbaren Crewmitglieder übernehmen ein oder zwei Crewmitglieder jeweils eine Fockschotwinsch.
- Der Skipper stellt sicher, dass auf dem neuen Kurs alles klar ist und alle bereit sind.

TIPPS

- *Die Kommandos »Klar zum Wenden« und »Ree« mögen für Nichtsegler ungewohnt und komisch klingen, helfen der Crew aber, koordiniert und im Gleichklang zu handeln.*
- *Im Cockpit kann es sehr eng werden, wenn die Yacht hoch am Wind liegt und jede Menge Anweisungen gegeben werden. Bei jeder Wende schwingt der Großbaum auf die andere Seite, und dann legt sich das Boot über, wenn der Wind in die Segel fasst und jetzt aus einer anderen Richtung kommt.*

- Der Rudergänger bestätigt mit »Ist klar«. Ein Crewmitglied legt einen oder zwei Törns des losen Fockschotendes auf Winsch »A« und holt die Lose dicht. Ein zweites Crewmitglied nimmt die belastete Schot von der Klampe und hält sie auf Winsch »B« fest.
- Der Rudergänger ruft »Ree« und dreht das Boot durch den Wind. Sobald das Vorsegel zu killen beginnt, fiert das Crewmitglied an Winsch B seine Schot und gibt sie frei.
- Das Boot dreht sich weiter durch den Wind, und die Fock wird mit etwas Flattern auf die andere Seite geweht.
- Das Crewmitglied an Winsch A holt nun die Schot auf seiner Seite an. Sie wird nun mit der Winschkurbel so dicht geholt, dass das Segel passend für den neuen Kurs getrimmt ist.

Siehe auch **Winschen** (S. 51–52)

HALSEN

Auf Vorwindkurs, also mit dem Wind von achteraus, muss vielleicht der Kurs so geändert werden, dass das Heck durch den Wind geht. Das erfordert ein Segelmanöver namens Halsen, bei dem die Segel von der einen auf die andere Seite des Bootes übergehen.

Ziel ist es, das Heck auf möglichst kontrollierte Art und Weise durch den Wind auf den neuen Kurs zu bringen. Das bedeutet, dass der Großbaum vorsichtig auf die andere Seite gebracht werden muss, ohne dass das gesamte Boot herumschwingt und dem Wind unter Kentergefahr die Seite bietet.

Wie das Wenden erfordert das Halsen eine gute Zusammenarbeit der Crew und klare Anweisungen von Skipper und Rudergänger.

Halsemanöver

Das Halsen erfordert zwei oder drei Crewmitglieder und verläuft folgendermaßen:

- Skipper oder Rudergänger machen die Crew darauf aufmerksam, dass eine Halse gefahren werden soll.
- Der Rudergänger ruft »Klar zum Halsen!«.
- Die Großschot wird dichtgeholt, bis der Großbaum mittschiffs steht.
- Der Großschottraveller, sofern vorhanden, wird festgesetzt, damit der Baum an Ort und Stelle bleibt.
- Je nach Größe des Bootes und Anzahl der verfügbaren Crewmitglieder übernehmen ein oder zwei Crewmitglieder jeweils eine Fockschotwinsch.

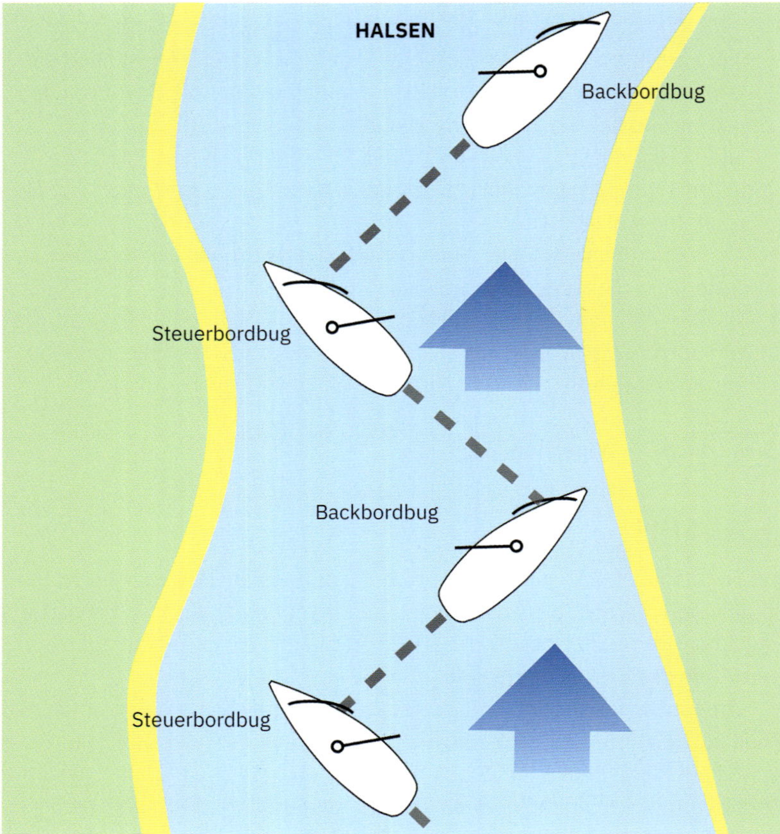

- Ein Crewmitglied legt nun zwei Törns des freien Schotendes um Winsch A und holt die Lose dicht. Ein zweites Crewmitglied nimmt die belastete Schot von der Klampe und hält sie auf Winsch »B« fest.
- Der Rudergänger dreht das Boot langsam mit dem Heck durch den Wind. Sobald das geschehen ist, ruft er »Rund achtern!«.
- Während sich das Boot dreht, weht das Vorsegel auf die andere Seite. Das Crewmitglied an der bislang belasteten Schot auf Winsch B gibt diese nun frei.

TIPPS

- *Es ist sehr wichtig, die Großschot vor dem nächsten Halsen wieder mittschiffs zu schoten, damit der Baum nicht unkontrolliert übergeht.*
- *Alle Crewmitglieder sollten beim Halsen den Kopf unten halten, falls der Baum unerwartet übergeht.*

- Das Crewmitglied an Winsch A holt die neue Arbeitsschot nun erst per Hand, dann mit der Winschkurbel so dicht, wie es für den neuen Kurs erforderlich ist.
- Der Rudergänger steuert den neuen Kurs, und das Großsegel wird auf die andere Seite gebracht.
- Beide Segel werden dann für den neuen Kurs getrimmt.

Siehe auch **Wenden** (S. 69–71); **Winschen** (S. 51–52).

REFFEN

Bei starkem Wind kann es notwendig sein, die Segelfläche zu verkleinern, um das Boot unter Kontrolle zu halten. Diese Verkleinerung der Segelfläche wird als Reffen bezeichnet. Der Skipper entscheidet, wann der beste Zeitpunkt dafür ist, und teilt den Crewmitgliedern ihre Aufgaben zu.

Kontrolle behalten bei Starkwind

Mit zunehmender Windgeschwindigkeit wird mehr Kraft auf die Segel ausgeübt, so dass das Boot schneller wird. Je höher am Wind das Boot läuft, desto stärker wird bei aufbrisendem Wind oder in plötzlichen Böen die Krängung. Die Krängungskraft erschwert es, das Boot auf Kurs zu halten, weil es in diesem Zustand »übermotorisiert« sein kann, d. h., zu viel Segelfläche trägt.

Kraft aus dem Großsegel nehmen

Es gibt mehrere Möglichkeiten, bei starken Böen Kraft aus dem Großsegel zu nehmen. Eine davon ist es, das Boot höher an den Wind zu bringen, zu »kneifen«. Zum anderen kann man die Großschot fieren und so den Winkel des Segels zum Wind ändern. Weitere Möglichkeiten zum Trimmen bieten der Unterliekstrecker, das Fall und das Achterstag, deren Spannung verändert werden kann.

Bei Regatten kann der Skipper viel später reffen als beim gemütlichen Fahrtensegeln. Als Fahrtensegler wird man eher früher reffen, um die Fahrt angenehmer zu machen, als in erster Linie auf Geschwindigkeit zu achten.

So wird gerefft

Zum Reffen muss das Segel teilweise niedergeholt, gesichert und neu gesetzt werden, damit das Boot weiterfahren kann. Auf einer großen Yacht müssen dazu mehrere Crewmitglieder zusammen die folgenden Maßnahmen durchführen:

- Das Boot zum Abbremsen in den Wind drehen; dabei läuft der Motor langsam mit, damit das Boot manövrierfähig bleibt.
- Die Dirk, die Leine, die den Baum hält, wenn das Segel unten ist, dichtholen, um das Großfall zu entlasten.
- Den Baumniederhalter, die verstellbare Strebe, die den Baum am Steigen hindert, fieren.
- Das Großfall lösen und das Segel teilweise kontrolliert niederholen.
- Ein Crewmitglied setzt eine »Reffkausch« (das ist ein Metallring) im Segel über einen Haken am Mastende des Großbaums.
- Das Großfall wird wieder auf- und dichtgeholt.
- Das Achterliek des Segels wird mit einer Reffleine durch eine weitere Reffkausch auf den Baum herabgezogen und die Reffleine dichtgeholt und belegt.
- Der überhängende Teil des Segels wird mit Reffbändseln gesichert.

TIPP

Es gibt verschiedene Reffsysteme, und der Skipper sollte das auf der Yacht vorhandene noch im Hafen erklären. Im Zweifelsfall ist es immer gut, vor dem Auslaufen zu fragen, wie das vorhandene Reffsystem funktioniert.

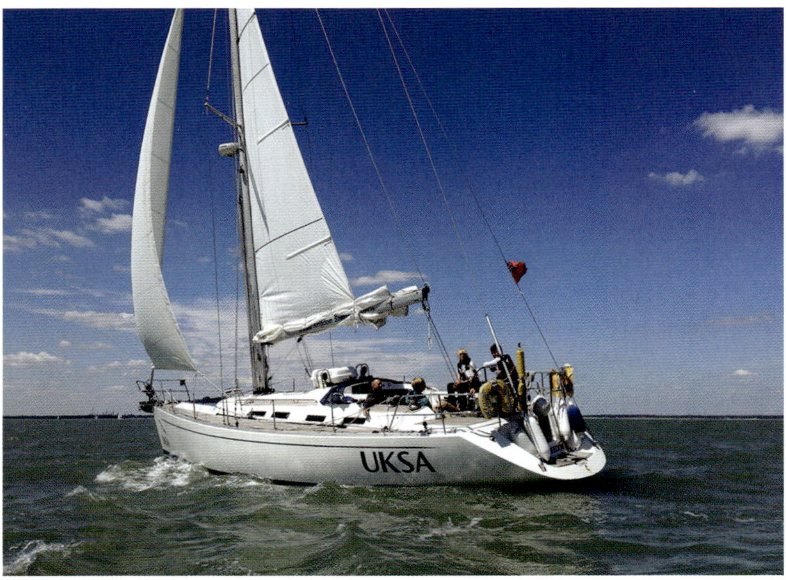

Mit gerefftem Großsegel und teilweise eingerollter Fock ist die Yacht auch bei 20 kn Wind noch gut manövrierbar.

SEGEL BERGEN

Wenn es an der Zeit ist, die Segel niederzuholen, dreht der Rudergänger das Boot in den Wind und hält es auf diesem Kurs. Besonders das Großsegel lässt sich auf diese Weise leichter niederholen und läuft nicht Gefahr, sich an Wanten oder Salingen zu verhaken.

Der Skipper entscheidet, welches Segel zuerst geborgen wird, und stellt sicher, dass das Boot manövrierfähig bleibt, während die Crew sich um die Segel kümmert.

GROSSSEGEL NIEDERHOLEN

- *Luken schließen, damit die Deckscrew nicht stolpert oder hineinfällt.*
- *Boot in den Wind drehen, damit die Segel keinen Wind »fangen«; in der Regel läuft dabei der Motor.*
- *Dirk dichtholen.*
- *Großschot dichtholen, damit der Baum nicht von einer Seite zur anderen schwingt.*
- *Baumniederhalter lösen.*
- *Großfall lösen und langsam über die Winsch fieren.*
- *Großsegel auf dem Baum auftuchen und mit Zeisingen sichern.*

Das Vorsegel

Eine Genua oder Fock ist in der Regel leichter zu bergen als das Groß. Die meisten Fahrtenyachten besitzen ein Rollreffsystem, mit dem das Segel um das Vorstag gewickelt werden kann.

Dazu werden die Fockschot gefiert und das Segel dann an einer um die Winsch gelegten Reffleine eingeholt. Das können ein oder zwei Crewmitglieder vom Cockpit aus erledigen.

ANKERN

In einer ruhigen Bucht abseits der überfüllten Marinas für einen kurzen Zwischenstopp oder über Nacht vor Anker zu liegen ist ein sehr schönes Erlebnis. Um sicher und effizient zu ankern, benötigen Skipper und Crew schon gewisse Fertigkeiten. Es geht nicht einfach nur darum, »den Anker fallen zu lassen«. Wichtig ist vor allem die Kommunikation zwischen dem Rudergänger und der Person am Anker. Der Skipper weist seine Crew zwar vorher ein, aber es dürfte hilfreich sein, sich vorher schon einmal mit ein paar wichtigen Dingen zu befassen.

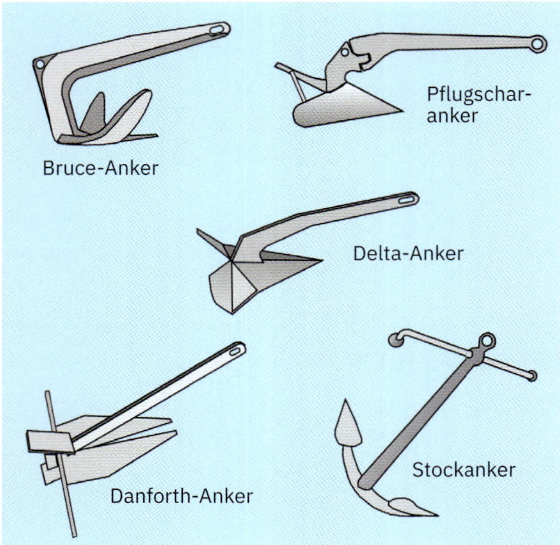

Anker gibt es in verschiedenen Ausführungen für unterschiedliche Arten von Meeresboden und mit unterschiedlicher Haltekraft, vom klassischen Stockanker bis zum Pflugschar- oder CQR-Anker, der geformt ist wie ein Pflug mit beweglichem Schaft. Manche wie der Danforth-Anker können bei Nichtgebrauch flach zusammengelegt und dadurch leicht verstaut werden. Die meisten Fahrtenyachten führen mindestens zwei Anker mit.

Kette und Leine

Ankertrossen können ganz aus Kette oder aus Kette und Leine bestehen. Gelegentlich nimmt man auch nur Leine, weil sie leichter und günstiger in der Abschaffung ist als Kette. Bei Ankertrossen aus Kette und Leine ist die Kette am Anker angeschlagen. Wenn beispielsweise die Ankertrosse aus 20 m Kette und 30 m Leine besteht, würde die Leine nur bei mehr als 4 m Wassertiefe oder bei Schwerwetterbedingungen benötigt.

Damit der Anker hält, muss der Zug an der Trosse parallel zum Meeresgrund verlaufen, weil der Anker sonst ausbrechen und das Boot vor Anker treiben würde. Das wird durch das Gewicht der Kette verhindert, wenn genug Kettenlänge auf dem Grund liegt.

WIE LANG MUSS DIE ANKERTROSSE SEIN?

Die Länge der Ankertrosse ist davon abhängig, ob es sich um reine Kette oder eine Mischung aus Kette und Leine handelt, wie tief das Wasser ist, welche Wetterbedingungen herrschen und wie hoch die Tide steht.
Bei ruhigem Wetter mit wenig Tidenwirkung gilt bei Kette das Dreifache der Wassertiefe als Minimum. Für leichte bis mäßige Wetterbedingungen geht man generell von einem Verhältnis von 5:1 bei Kette und 8:1 bei Leine aus, das bei schlechterem Wetter auf 8:1 bei Kette und 10:1 bei Leine steigt.

Ankerplatz wählen

Bei der Wahl eines Ankerplatzes ist eine Reihe von Faktoren zu berücksichtigen. Der Skipper

- hält Ausschau nach einem sicheren Ort, der vor Wind und Wellen geschützt ist,
- schaut in der Karte nach, ob der Grund zum Ankern geeignet ist und die Wassertiefe ausreicht,
- prüft die Windrichtung und deren Vorhersage für den geplanten Aufenthalt,
- prüft den Stand der Tide und vermerkt Hoch- und Niedrigwasserzeiten sowie die Richtung des Tidenstroms gemäß Tidenatlas,
- entscheidet, wie viel Ankertrosse gesteckt werden muss.

Ankervorbereitungen

Bei Ansteuerung des Ankerplatzes beordert der Skipper ein oder zwei Crewmitglieder an den Bug, um den Anker bereit zu machen. Ihre Aufgabe ist es:

- sicherzustellen, dass der Anker fallbereit auf der Bugrolle liegt und mit der Ankertrosse verbunden ist,
- auf Anweisung des Skippers die erforderliche Länge Trosse auf dem Vordeck auszulegen,
- das Ende der Trosse sicher auf einer Klampe zu belegen,
- auf Signal des Skippers den Anker langsam abzulassen,
- dem Skipper anzuzeigen, wenn der Anker den Grund erreicht hat (das ist in der Regel zu spüren), damit er den Rückwärtsgang einlegt,
- auf Zeichen des Skippers langsam Ankertrosse zu fieren, während das Boot langsam achteraus fährt,
- dem Skipper Zeichen zu geben, wenn die erforderliche Trossenlänge gesteckt ist,
- sich zu vergewissern, dass die Ankertrosse sicher am Boot belegt ist.

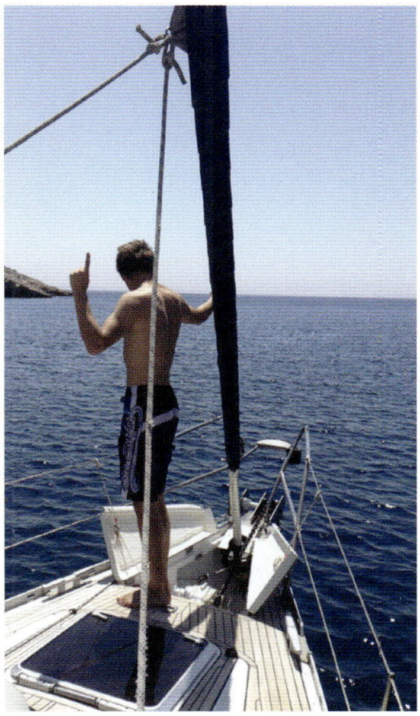

▲ *Wenn der Anker aufgeheißt wird, kommuniziert das Crewmitglied im Bug per Handzeichen mit dem Skipper. Die Yacht macht langsame Fahrt voraus, während die Ankertrosse über die Winsch an Bord genommen wird.*

HANDZEICHEN BEIM ANKERN

Hier ein paar Handzeichen, wie sie beim Ankern verwendet werden. Manche Crews verwenden ihre eigenen Zeichen, aber die hier beschriebenen sind recht gebräuchlich.

»In diese Richtung halten« – andauernd die richtige Richtung anzeigen.
»Langsamer «– Hand mit der Handfläche nach unten auf und ab bewegen.
»Schneller«– Hand mit der Handfläche nach oben auf und ab bewegen.
»Aufstoppen«– Hand mit gespreizten Fingen nach oben bewegen.
»Fallen Anker«– Daumen nach unten.
»Anker auf«– Daumen nach oben.
»Stopp Anker«– Hand mit gespreizten Finger nach oben bewegen.

Der Anker sollte sich dann eingegraben haben und halten. Das kann man anhand der Trosse überprüfen – wenn sie sich beim Griff darauf fest und still anfühlt, hält der Anker wahrscheinlich. Wenn die Trosse springt und unruhig ist, hält er wahrscheinlich nicht. Die verantwortlichen Crewmitglieder lassen in diesem Fall den Skipper wissen, was los ist, und warten auf Anweisungen. Der Skipper könnte nun mehr Trosse stecken lassen oder sich für eine andere Stelle zum Ankern entscheiden.

TIPPS

- *Das Ankern kann stressig sein und schwere Arbeit bedeuten. Beim Auf- und Niederholen des Ankers den Rücken nicht zu sehr belasten. Viele Fahrtenyachten besitzen elektrische Ankerwinden, die die Sache sehr erleichtern.*
- *Auf großen Yachten sind die Anweisungen des Rudergängers am Bug nur schwer zu verstehen. In diesem Fall erweisen sich Handzeichen als äußerst nützlich und verhindern unnötiges Schreien.*

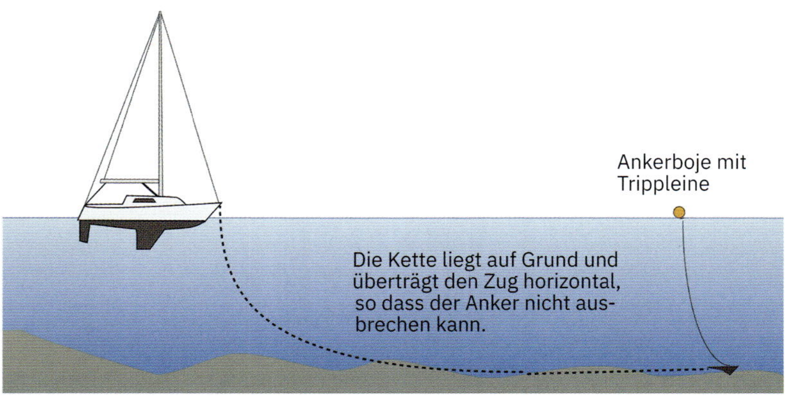

BEIBOOT

Die meisten Yachten verfügen über ein Schlauchboot, das die Crew an Land bringt, wenn das Boot vor Anker liegt. Beiboote bieten in der Regel Platz für maximal vier Personen und werden entweder per Riemen oder durch einen kleinen Außenbordmotor angetrieben.

Sobald ein Boot vor Anker liegt, wird das Beiboot an Deck mit einer Fußpumpe aufgeblasen. Manche Yachten haben auf See ein aufgepumptes Beiboot an Deck, was so lange in Ordnung ist, wie genügend Platz dafür vorhanden ist, aber das ist nicht immer der Fall. Auf kurzen Törns zwischen zwei Ankerplätzen kann das Beiboot auch hinter der Yacht geschleppt werden.

Zum ersten Mal auf ein kleines Schlauchboot überzusteigen, braucht manchmal etwas Mut. Üblicherweise läuft es so ab, dass zunächst das Beiboot an der Badeleiter am Heck der Yacht festgemacht wird. Dann steigt ein Crewmitglied über, nimmt die Riemen und den Außenborder entgegen und sichert sie. Dann steigt der Rest über.

TIPP

Bei Beibooten ist Vorsicht angesagt, denn in Verbindung mit ihnen passieren mehr Unfälle als mit der Yacht selbst.

So benutzt man ein Beiboot

- Beiboot an Bug und Heck mit Leinen unter der Badeleiter sichern.
- Alle Mitfahrer tragen Rettungswesten.
- Die Person, die rudern soll, steigt zuerst ein und setzt sich in die Mitte, um das Boot zu stabilisiere.
- Vorsicht beim Ein- und Aussteigen. Körpergewicht tief unten halten, damit das Boot gut ausbalanciert ist.

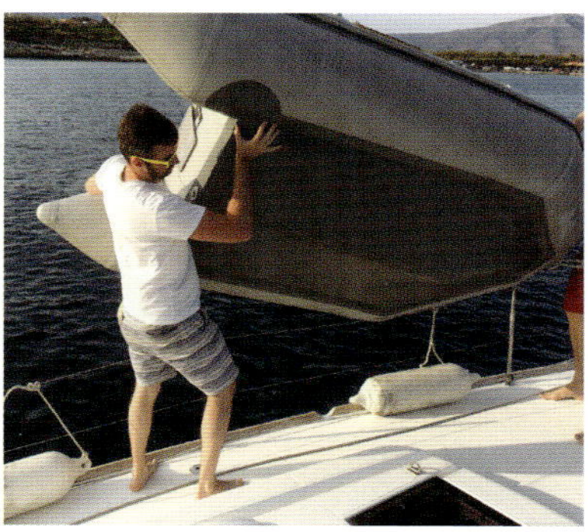

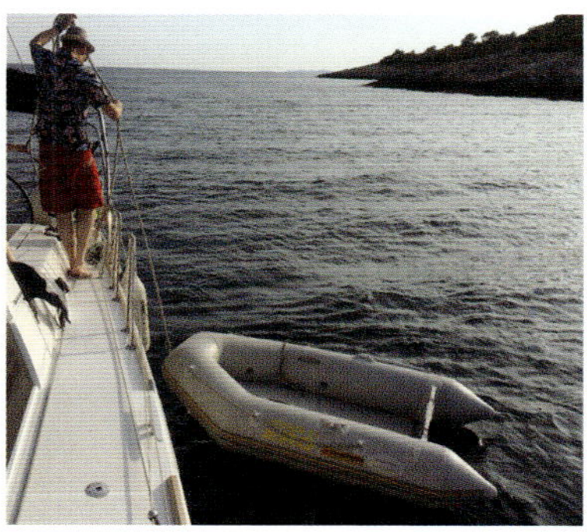

Die meisten Yachten führen ein Schlauchboot mit, damit die Crew an Land gehen kann, wenn das Boot vor Anker liegt. Schlauchboote werden bei Nichtgebrauch oft in Schapps im Cockpit verstaut.

- Beiboot nicht überladen, da es dann instabil wird – meist steht die Maximalbeladung irgendwo auf einer Luftkammer
- Die Person am Außenbord muss mit einem Notausknopf verbunden sein. Das ist eine Sicherheitsvorrichtung mit einem Bändsel, das der Bootsführer am Handgelenk oder am Bein trägt und das den Motor abschaltet, wenn der Bootsführer über Bord geht.
- Nachts eine Taschenlampe mitnehmen.

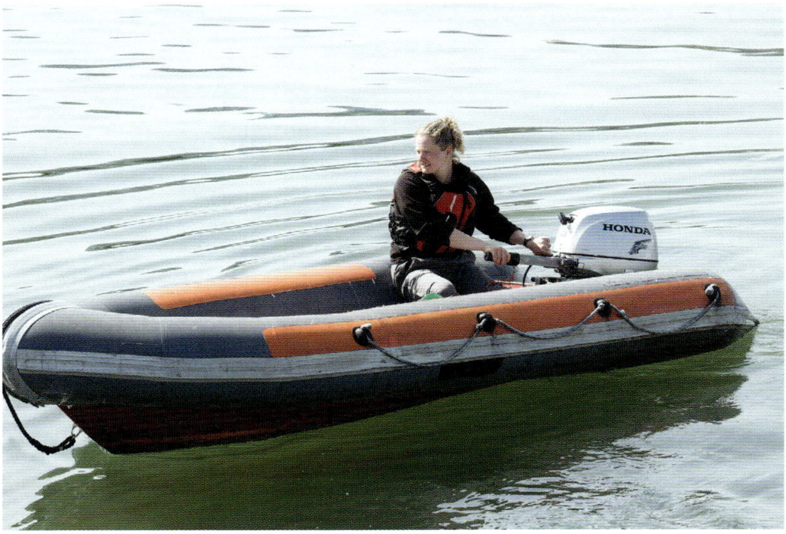

Die Person am Außenborder sollte immer eine Notausvorrichtung tragen.

KAPITEL 07

NAVIGIEREN

In diesem Kapitel geht es um eine grundlegende Einführung in die Navigation, einen der lohnendsten Aspekte beim Segeln. Man braucht nur ein paar Grundkenntnisse, um mit dem Navigieren auf See zu beginnen.

Sich auf See zurechtzufinden ist ein wenig schwieriger als an Land, und zwar aus offensichtlichen Gründen – um mal mit dem Fehlen von Wegweisern zu beginnen! Kurz gesagt: Navigation ist die Kunst, seine Position zu finden und dann einen Kurs zu bestimmen, der zum gewünschten Ziel führt. Die Navigation auf See hat sich über Hunderte von Jahren entwickelt und ist heute mit modernen Instrumenten viel einfacher als für die portugiesischen und spanischen Entdecker des 15. Jahrhunderts, die denselben Prinzipien folgten wie wir im 21. Es geht immer darum, eine Karte zu lesen, seine Position einzutragen und den Steuerkurs zu berechnen.

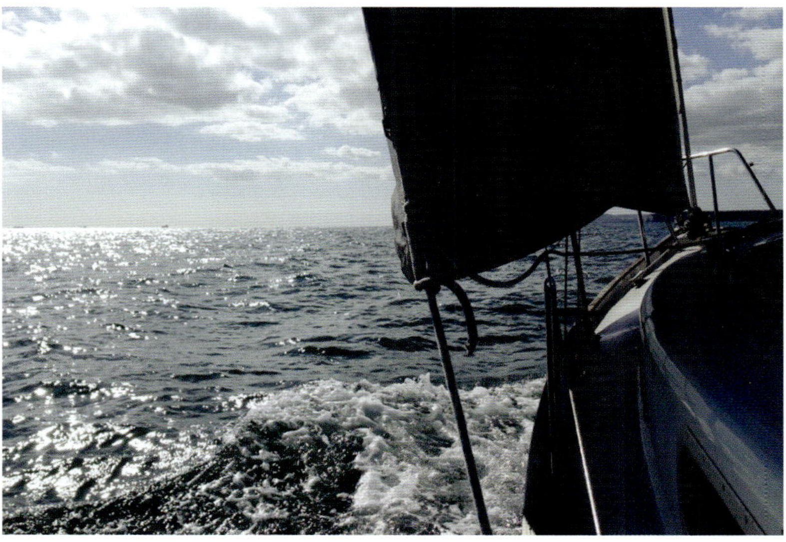

▲ *Um auf See zu navigieren, muss man wissen, wo man sich befindet, wie schnell das Boot fährt, in welche Richtung man fährt und welche Strecke zurückgelegt worden ist.*

TRADITIONELLE METHODEN

In der traditionellen Navigation benötigt man Papierkarten und ein paar grundlegende Instrumente wie Navigationsdreieck oder Plotter, Zirkel und Kompass. Der Navigator zeichnet mit einem weichen Bleistift Markierungen und Linien in eine Papierkarte ein, die nach einem Törn jederzeit wieder ausradiert werden können. Das traditionelle Vorgehen bildet einen guten Startpunkt, um sich die Grundlagen anzueignen, bevor man zur elektronischen Navigation übergeht. Aus diesem Grund beginnen auch die meisten Navigationskurse mit den traditionellen Methoden.

Kartentisch

Auf den meisten Yachten findet sich an einer Seite des Salons ein Kartentisch, und zwar in der Regel nahe am Niedergang, so dass der Navigator mit dem Rudergänger sprechen kann. Der Tisch besitzt einen aufklappbaren Deckel, unter dem Bleistifte, Hilfsmittel für die Navigation und Seekarten Platz finden.

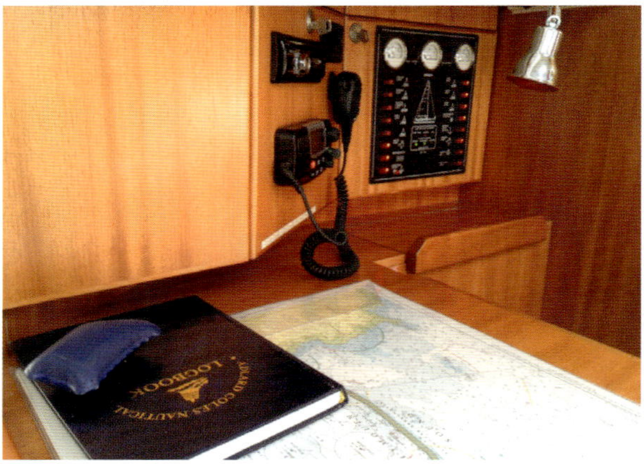

Die meisten Yachten haben in einer Ecke des Salons nahe am Niedergang einen Kartentisch, von wo aus der Navigator gut mit dem Rudergänger sprechen kann.

Plotter

Der Plotter ist ein sehr einfaches, cleveres, aber wichtiges Hilfsmittel. Er dient dazu, Entfernungen und Winkel (Peilungen) auf der Seekarte abzustecken. Er umfasst eine Windrose, Gitterlinien und Lineale an den Kanten.

Zirkel

Mit einem Zirkel werden Distanzen auf der Karte abgemessen. Ein Zirkel besteht normalerweise aus Messing mit zwei Stahlspitzen. Zum Messen werden die Spitzen auf zwei Punkte auf der Karte gesetzt und dieses Maß dann auf die Längengradskala am Kartenrand übertragen. Dort kann dann die Distanz abgelesen werden.

In der traditionellen Navigation arbeitet man mit Papierkarten und Hilfsmitteln wie dem bretonischen Plotter und einem Einhandzirkel. Der Navigator zeichnet Positionen und Linien mit einem weichen Bleistift ein, so dass sie schnell wieder ausradiert werden können.*

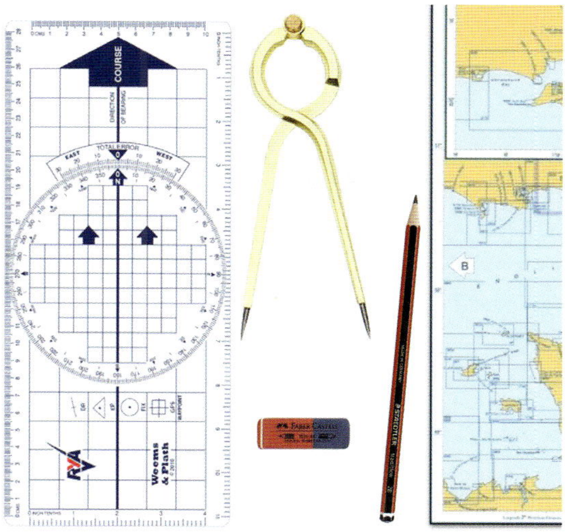

Referenzmaterial

Neben den Daten auf der Karte orientiert sich der Navigator anhand nautischer Jahrbücher, Gezeitentafeln und Revierhandbücher. Darin findet man alles von Ausweichregeln über Tidenzeiten und -höhen, Funkverbindungen, Quellen für Wetterinformation, Hafendetails bis hin zu Sicherheitstipps, Erste Hilfe und Kontaktnummern.

NAVIGATIONSINSTRUMENTE

Auf Fahrtenyachten werden verschiedene Instrumente als Navigationshilfen genutzt. Die meisten der folgenden Instrumente sind auf jeder durchschnittlichen Yacht zu finden, aber manche sind besser ausgestattet als andere.

Kompass

Das wichtigste Navigationsinstrument ist der Kompass, der zum Steuern und zum Peilen Verwendung findet. Der Steuerkompass ist in der Regel nahe bei der Rudergängerposition montiert. Mit dem Handpeilkompass werden entfernte Objekte und andere Boot gepeilt.

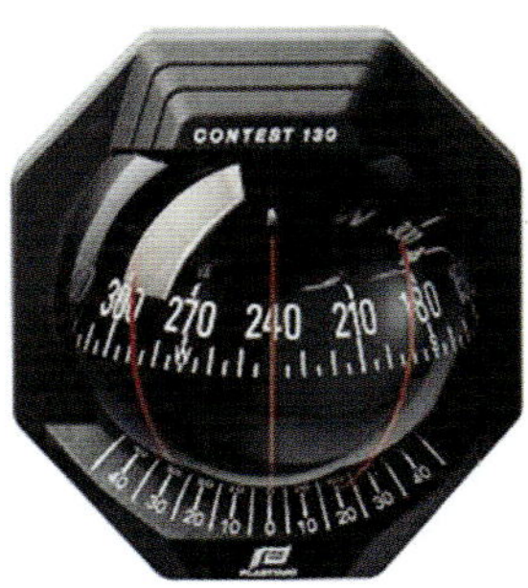

Dieser Kompass wird im Schott montiert und kann sowohl im Cockpit als auch im Salon abgelesen werden.

* *A.d.Ü.: In Deutschland sind anstelle des Plotters zwei Navigationsdreiecke gebräuchlich.*

Logge
Misst die versegelte Strecke und die Geschwindigkeit und zeichnet den Törnverlauf auf. Eine Logge misst die Fahrt und die Strecke durchs Wasser. Nicht berücksichtigt werden Ströme und Gezeiten, die die tatsächliche Fahrt über Grund beeinflussen. Es gibt verschiedene Typen, wobei die gebräuchlichsten aus einem kleinen Impeller unten am Rumpf bestehen. Aus der Anzahl und Geschwindigkeit der Umdrehungen berechnet das Instrument dann die Fahrt und Geschwindigkeit ähnlich wie Tachometer, Kilometerzähler und Umdrehungsmesser beim Auto.

Echolot
Dieses Instrument misst die Wassertiefe und zeigt sie in Metern oder Fuß an. Ein Alarm kann eingestellt werden für Flachwasser und Tiefwasser. Der Flachwasseralarm braucht keine weitere Erläuterung, doch wozu braucht man einen Tiefwasseralarm? Dieser kann dazu genutzt werden, um in der Karte eingezeichnete Tiefenlinien zu identifizieren, und damit zur Positionsbestimmung beitragen. Außerdem kann er warnen, wenn der Anker schliert.

Anemometer
Dieses Gerät befindet sich im Masttopp und misst Richtung und Stärke des Windes.

GPS (Global Positioning System)
Ein GPS-Empfänger ermittelt die Bootsposition anhand der Signale von in der Regel mindestens vier Satelliten bis auf 15 m genau. Außerdem zeigt er Fahrtrichtung und Fahrt über Grund an. GPS-Geräte sind unglaublich nützlich, aber nicht hundertprozentig verlässlich, weil der Strom an Bord ausfallen oder der GPS-Empfang gestört sein könnte.

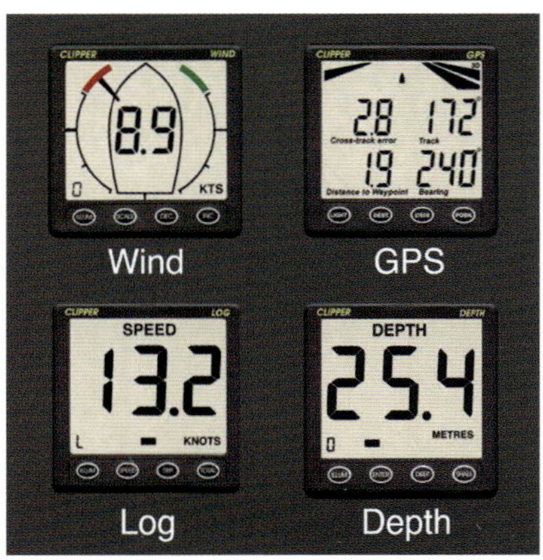

Verschiedene Instrumente helfen dem Navigator, die Position zu prüfen und einen Steuerkurs zu plotten. Sie messen Windrichtung und -geschwindigkeit, Wassertiefe, versegelte Strecke und Fahrt durchs Wasser. GPS allein misst die Fahrt über Grund, den Kompasskurs sowie Entfernung und Peilung eines bestimmten Punkts, des Wegpunkts.

Radar

Ein Radargerät verwendet Funkwellen, um die Entfernung, Richtung und Geschwindigkeit von Objekten relativ zu seiner eigenen Position zu ermitteln. Es sendet über eine Antenne Signale aus, die von anderen Schiffen und Objekten in der Nähe reflektiert werden. Trifft ein Signal auf ein Objekt, wird es zum Empfänger des Radargeräts reflektiert. Dieser berechnet dann sofort die Entfernung des Objekts vom Sender , was dieses Instrument zu einer wichtigen Navigationshilfe macht, da es dem Benutzer ermöglicht, den Kurs und die Geschwindigkeit anderer Schiffe zu bestimmen und herauszufinden, ob sie sich auf Kollisionskurs befinden.

Kartenplotter

Kartenplotter zeigen elektronische Seekarten an, und die meisten sind mit einem GPS-Empfänger verbunden, so dass sie die Position, den Kurs und die Geschwindigkeit des Bootes in die Karte einblenden können. Sie können auch ein Radarbild über die Karte legen, das dann die Interpretation der Radaranzeige erleichtert.

TIPPS

- *Als Anfänger sollte man sich zunächst mit der Funktion der verschiedenen Instrumente vertraut machen.*
- *Einer der ersten Schritte als künftiger Navigator ist zu lernen, wie man einen Steuerkurs berechnet, bei dem der Tidenstrom berücksichtigt wird.*

Siehe auch **Törnplanung** (S. 90)

KARTEN

Die Seekarte ist ein unverzichtbares Hilfsmittel für die Navigation. Eine Karte ist eine grafische Darstellung eines Meeresgebietes, die auch Küstenlinien, Flussmündungen und Inseln umfassen kann. Alle Yachten sollten aktuelle Papierkarten mitführen. Die meisten haben auch elektronische Karten an Bord, die auf Kartenplottern, dem nautischen Äquivalent zum Satellitennavigationsgerät, dargestellt werden. Es gibt auch Seekarten-Apps für Tablets und Smartphones.

Seekarten verwenden verschiedene Farben, um Land, trockenfallende Bereiche, Flachwassergebiete und tiefes Wasser anzuzeigen. Die tatsächlichen Tiefen bestimmter Punkte werden als Zahlen dargestellt, während Tiefenlinien Punkte gleicher Tiefe verbinden. Die Lage von Felsen und Unterwasserhindernissen, Schiffswracks, Seezeichen, Schifffahrtsstraßen und vielem mehr wird durch eine Vielzahl von Symbolen dargestellt.

TIPP

Um nicht dauernd nachschlagen zu müssen, sollte man sich die gebräuchlicheren Symbole und ihre Bedeutung einprägen.

Breite und Länge

Waagerechte und senkrechte Linien in regelmäßigen Abständen bilden ein Gitter auf Seekarten. Die Linien sind an den Rändern der Karte mit Gradzahlen beschriftet.

- Die horizontalen Linien stellen Breitengrade dar, auch als Breitenparallele bezeichnet. Sie zeigen an, wie weit sie nördlich oder südlich des Äquators liegen, der sich auf 0° Breite befindet.
- Die vertikalen Linien sind Längengrade, auch als Meridiane bezeichnet. Sie geben an, wie weit östlich oder westlich des Nullmeridians (0°) sie liegen, der durch das königliche Observatorium in Greenwich verläuft.

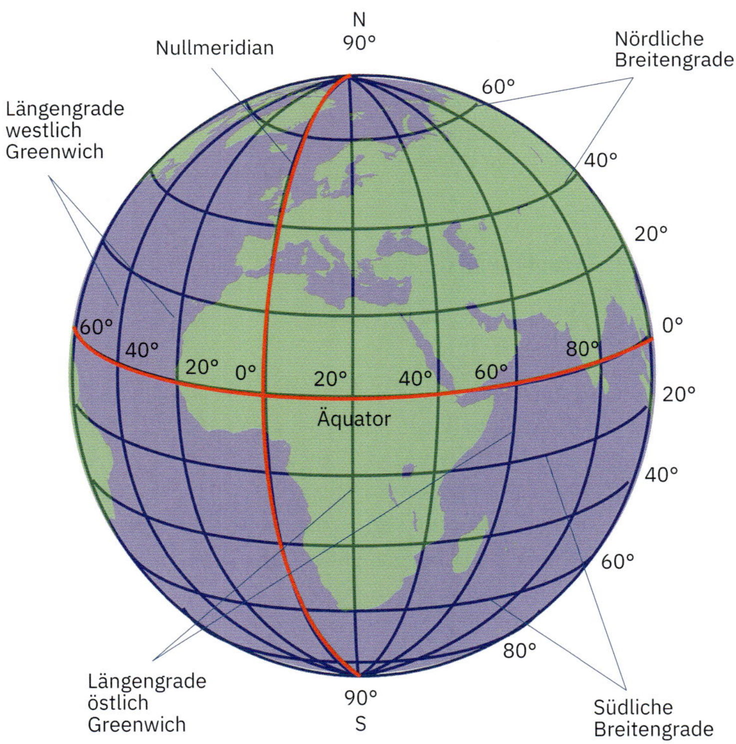

Jeder Punkt auf der Erdoberfläche kann durch seine Koordinaten in Form von Breiten- und Längengrad bestimmt werden. Die Breite ist der in Grad gemessene Winkel eines Punkts nördlich oder südlich des Äquators. Die Länge gibt den Winkel westlich oder östlich des Nullmeridians an, der durch Greenwich in Großbritannien verläuft.

- Breite und Länge werden in Grad (0°), Minuten (‚) und Sekunden („) gemessen. Sechzig Minuten ergeben ein Grad.
- Eine Breitenminute entspricht einer Seemeile.

Um eine Position auf der Karte zu bestimmen, nimmt man den Abstand zu den nächstgelegenen horizontalen und vertikalen Gitterlinien von der gemessenen Position in den Zirkel.

Der Breitengrad (Entfernung nördlich oder südlich des Äquators) wird an der Skala am rechten oder linken Rand der Karte abgelesen, der Längengrad (Entfernung westlich oder östlich des Nullmeridians) an der Skala am oberen oder unteren Rand der Karte.

TIPP

Bei einer Positionsangabe nennt man erst die Breite, dann die Länge. Dabei wird der Längengrad dreistellig dargestellt. Beispiel: Port Solent in Großbritannien liegt auf 50°50‘34,7676“N 001°6‘3,6072“W.

Der Abstand zwischen zwei Punkten auf der Karte wird anhand der Breitengradskala an der Seite gemessen. Dafür darf keinesfalls die Längenskala verwendet werden, da die Meridiane nicht parallel verlaufen. Der Abstand zwischen ihnen wird zum Nord- und Südpol hin kleiner.

MASSSTAB

Wie bei Landkarten gibt es auch bei Seekarten beträchtliche Unterschiede im Maßstab.

- *Karten im kleinen Maßstab (z. B. 1:350.000) decken ein ganzes Seegebiet ab und werden zum Planen langer Fahrten verwendet.*
- *Karten im mittleren Maßstab (z. B. 1:25.000) umfassen typischerweise einen Streifen Küste.*
- *Karten im großen Maßstab (z. B. 1:6 000) werden für detaillierte Darstellungen von Hafeneinfahrten verwendet.*
- *Der Kartenmaßstab ist unter der Kartenbezeichnung aufgedruckt.*
- *Um in einen Hafen einzufahren, nimmt man am besten eine Karte mit größtmöglichem Maßstab.*

ELEKTRONISCHE SEEKARTEN

Elektronische Karten machen das Navigieren auf See leichter und schneller als mit Papierkarten – etwa wie ein GPS-Empfänger im Auto. Man kann die Ansicht verkleinern und vergrößern, um mehr Details zu sehen, und GFS-Daten integrieren, um Richtung, Fahrt und zurückgelegten Kurs anzuzeigen.

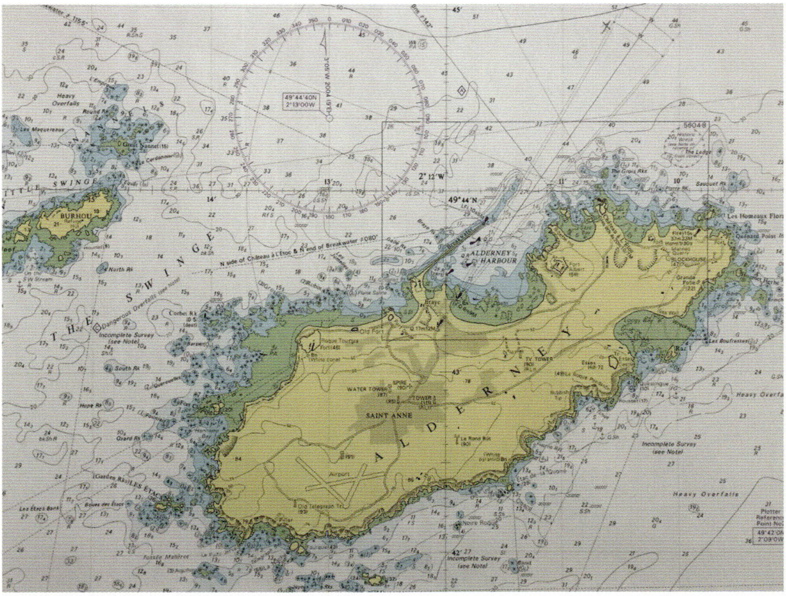

Details aus einer britischen Papierkarte der Kanalinsel Alderney im Maßstab 1:25.000.

Elektronische Karten können auf Laptops, Tablet und Kartenplottern verwendet werden. Es gibt sie in zwei Ausführungen – Rasterkarten und Vektorkarten.

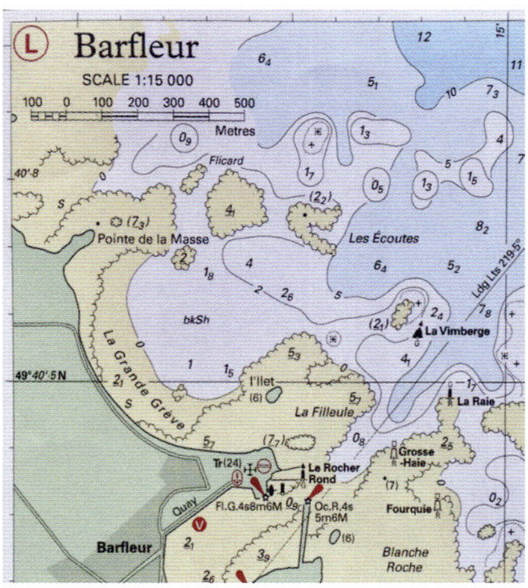

Großformatige Karte im Maßstab 1:15.000 mit Tiefenlinien und der Ansteuerung des französischen Hafens Barfleur.

Digitale Systeme mögen als bessere und einfachere Hilfsmittel in der Navigation erscheinen als Papierkarten, aber ein erfahrener Navigator eines seegehenden Schiffs hat immer Papierkarten als Reserve an Bord für den Fall, dass mal der Strom ausfällt. In der Ausbildung lernt man zuerst das Navigieren mit traditionellen Mitteln, bevor elektronische Karten an die Reihe kommen.

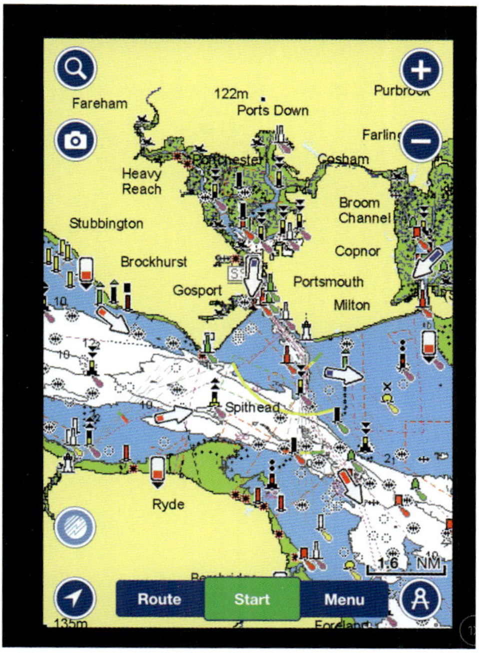

Elektronische Karten machen das Navigieren auf See leichter und schneller als mit Papierkarten. Man kann die Ansicht verkleinern und vergrößern, um mehr Details zu sehen, und GPS-Daten integrieren, um Richtung, Fahrt und zurückgelegten Kurs anzuzeigen.

Rasterkarten

Rasterkarten entstehen, indem Papierkarten gescannt werden. Das bedeutet, dass man zwar hineinzoomen kann, damit aber nur die Karte an sich vergrößert, ohne dass mehr Details sichtbar werden.

Vektorkarten

Vektorkarten sind echte digitale Karten. Sie zeigen beim Hineinzoomen mehr Details und lassen sich mit Datenbanken verlinken, die neben GPS-Daten Echtzeitangaben zu Wetter, Tidenströmen und Radarbildern liefern.

TIPPS

- *Um mit der Navigation mit elektronischen Karten zu beginnen, kann man auf die effiziente und kostengünstige Möglichkeit zurückgreifen, eine App für Tablet oder Smartphone herunterzuladen.*
- *Darauf achten, dass die App das künftige Segelrevier abdeckt und über einen GPS-Empfänger verfügt.*

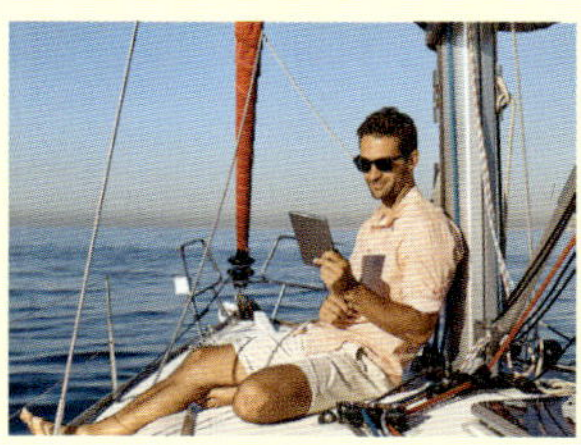

TÖRNPLANUNG

Ein Törnplan soll dabei behilflich sein, ein Boot sicher von einem Hafen zum nächsten zu bringen. Er hilft der Crew,

- über Ziel und Zeitpunkt des Törns zu entscheiden,
- die Zeit bis zur Ankunft zu berechnen,
- Schwerwetter zu meiden,
- günstige Tidenströme zu nutzen,
- mögliche Gefahrenstellen zu meiden, z. B. Schifffahrtsstraßen, Flachwasser,
- einen Wachplan für die Crew aufzustellen,
- sich auf Notfälle vorzubereiten.

Für die Planung eines längeren Törns sollten Karten mit kleinem Maßstab verwendet werden, um eine Gesamtstrategie zu entwickeln. Das hilft dem Skipper bei seinen Überlegungen im Hinblick auf die effizienteste Route und Alternativen sowie mögliche Schutzhäfen für den Fall, dass das Wetter schlechter wird oder jemand erkrankt.

Manch ein Skipper kennt das Revier, in dem er segelt, sehr gut. In diesem Fall könnte man auf den Gedanken kommen, dass ein Törnplan unnötig ist. Das ist abhängig von der Länge der Reise und spezifischen Umständen, aber ein erfahrener Skipper hat immer einen Törnplan, wie lang die Reise auch sein mag. Der Grund dafür ist, dass er nicht immer weiß, wie das Wetter sich entwickelt, welche Erfahrungen seine Crew mitbringt und wie die Tide aussehen wird.

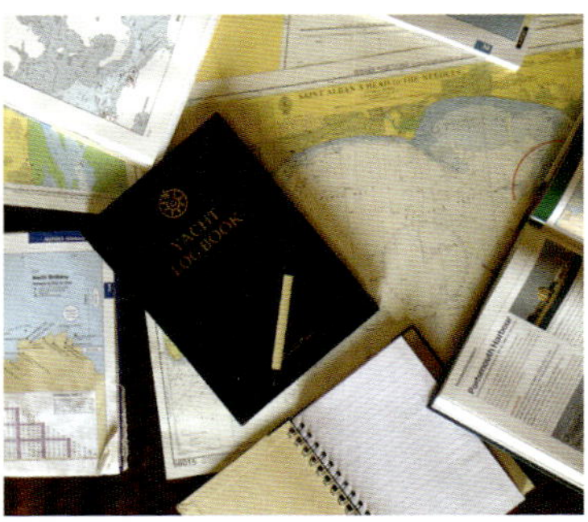

▲ *Ein Törnplan hilft dabei, das Boot sicher von einem Hafen zum anderen zu bringen.*

TIPPS

- *Rechtzeitig vor einem Törn die Karten studieren, um eine Route zu bestimmen, Gefahrenstellen zu identifizieren und die ungefähre Dauer des Törns zu berechnen.*
- *In Hafenhandbüchern Informationen zu Hafenein- und -ausfahrten suchen*
- *Tidenhöhen und -ströme über die gesamte Dauer des Törns notieren.*

Siehe auch Navigation unter Land (S. 91)

NAVIGATION UNTER LAND

Bei der Annäherung an Land muss der Navigator genau wissen, wo er ist, welche Gefahren er meiden muss und wie er sicher in den Hafen einlaufen kann.

Die Kunst der Navigation unter Land besteht darin, die Ansteuerung lange im Voraus zu planen, dann durch Beobachtung und Kompasspeilungen den Fortschritt zu überprüfen. Der Skipper wird einen Plan ausgearbeitet haben, wahrscheinlich aber die Crew bitten, Ausguck zu halten und das Umfeld zu beobachten, damit das Boot auf Kurs bleibt, während es in den Hafen gesteuert wird.

Seezeichen

In viel besuchten Häfen findet sich oft ein System von Tonnen und Feuern, die Schiffe beim Ein- und Auslaufen leiten und vor Gefahrenstellen warnen. Diese Zeichen sind in der Karte eingezeichnet, und der Navigator bittet die Crew möglicherweise, ihm entsprechende Hinweise zu geben.

Zeichen in Deckung

Natürliche Landschaftsmerkmale wie markante Felsen und Klippen und künstliche Merkmale wie Hochhäuser und Leuchttürme helfen dem Navigator, Position und Kurs zu bestimmen. Wenn zwei Objekte wie Baken oder Feuer genau hintereinander liegen, sagt man, sie befinden sich in Linie. Wenn das vom Boot aus gesehen der Fall ist, weiß der Navigator, dass das Boot sich

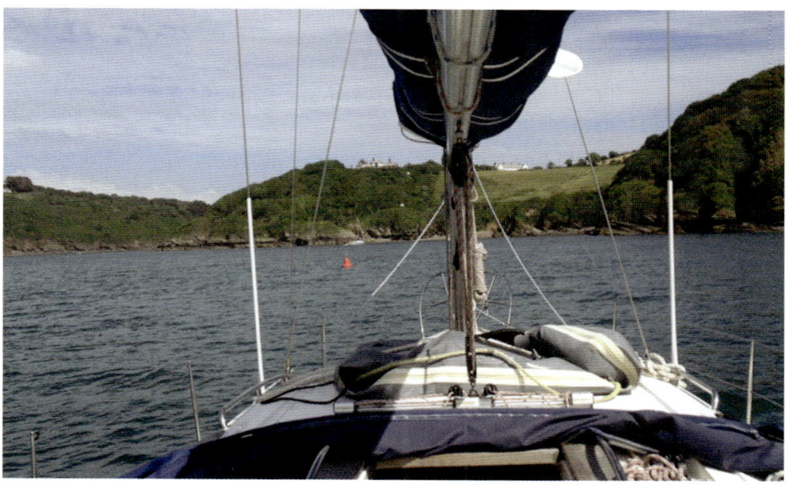

▲ *Die Yacht nähert sich langsam der Hafeneinfahrt. Unmittelbar links des Masts befinden sich am Hang zwei weiße Seezeichen. Laut Hafenhandbuch soll der Navigator auf diese Zeichen zuzuhalten, bevor er nach Steuerbord abdreht.*

auf dieser Linie befindet. Er kann die Crew auffordern, auf solche Konstellationen zu achten und damit zu prüfen, ob das Boot auf Kurs liegt.

Hafenhandbücher

Die meisten Yachten führen Hafenhandbücher mit, die detaillierte Informationen zum Ein- und Auslaufen enthalten. Wenn man diese Handbücher im Voraus liest, erleichtert das die Navigation, und ein Verweis drauf während der Fahrt erinnert den Navigator daran, die beste verfügbare Route zu nehmen.

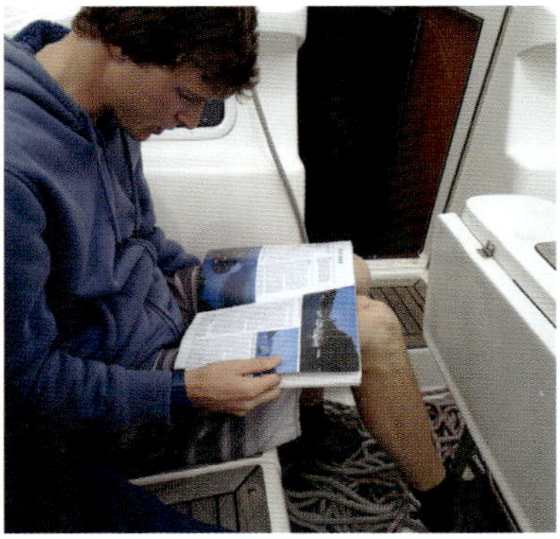

▲ *Ein Crewmitglied liest vor dem Einlaufen in einen unbekannten Hafen im Handbuch nach.*

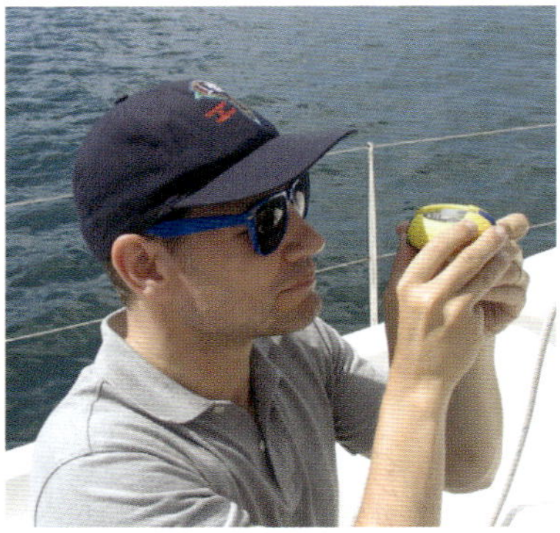

▲ *Ein anderes Crewmitglied prüft die Kompasspeilung von Seezeichen.*

DIE KVR

Die Abkürzung KVR steht für Kollisionsverhütungsregeln. Sie stellen internationales Seeverkehrsrecht dar.

Die Regeln gelten für alle Arten von Wasserfahrzeugen, vom Ruderboot bis zum Supertanker. Alle Skipper und ausgebildete Crewmitglieder sollten sie kennen und befolgen.

Kollisionen verhüten

Jeder, der für ein Schiff verantwortlich ist, muss in der Lage sein, andere Schiffe in seiner Umgebung bei Tag und Nacht und unabhängig von den Sichtverhältnissen schnell zu identifizieren. Er muss nicht nur den Typ und die Größe eines Schiffes erkennen, sondern auch die Richtung, in die es fährt, wer Vorfahrt hat und welche Maßnahmen ergriffen werden müssen, um eine mögliche Kollision zu verhindern. Das ist nicht immer einfach, insbesondere in verkehrsreichen Küstengewässern und Häfen.

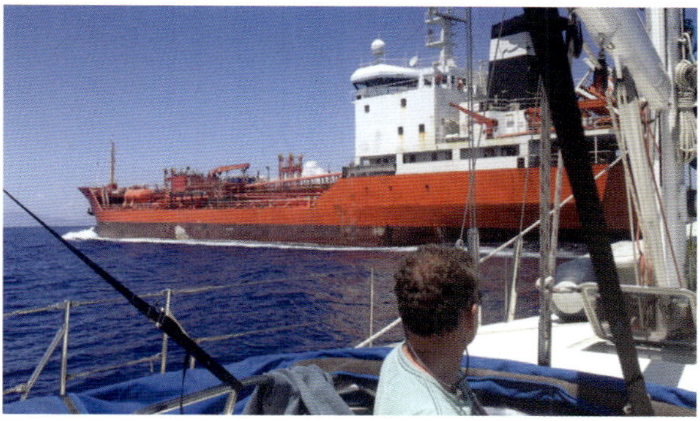

Ein Schiff jedweder Größe zu führen, erfordert ein umfassendes Verständnis der Kollisionsverhütungsregeln, insbesondere in verkehrsreichen Gewässern.

Vorfahrtsregeln

Alle Schiffe auf See tragen Verantwortung dafür, Kollisionen mit anderen zu vermeiden. Eine der wichtigsten Aufgaben ist es, stets Ausguck zu halten und zu wissen, wer wem die Vorfahrt gewährt, wenn sich zwei Boote auf Kollisionskurs befinden. Bestimmte Schiffe haben Vorrang vor anderen, und jeder, der für ein Boot verantwortlich ist, muss die Ausweichregeln kennen (siehe Abbildung).

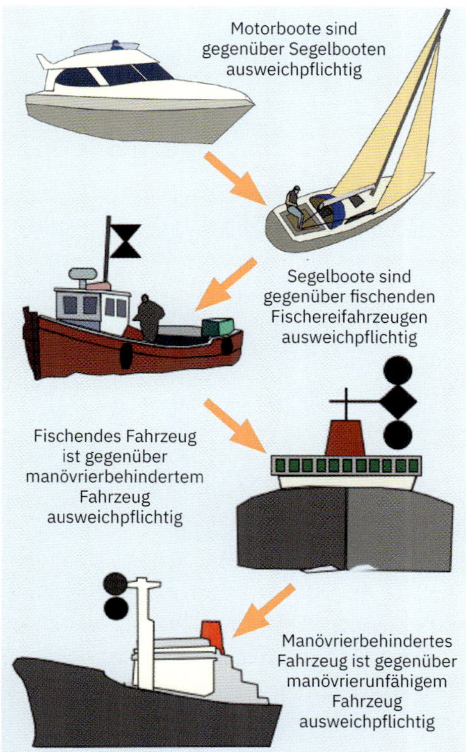

Die Ausweichregeln sollen helfen, Kollisionen auf See zu verhüten.

DIE WICHTIGSTEN REGELN

Die KVR haben drei Hauptkapitel, die die Crew kennen muss:

- *Ausweich- und Fahrregeln*
- *Lichter und Signalkörper*
- *Schall- und Lichtsignale*

Das »ausweichpflichtige« Schiff muss dem »Wegerechtsschiff« aus dem Weg gehen. Letzteres muss dabei Kurs halten.

Hierarchie unter Segelbooten

Eine wichtige Regel für Segler betrifft die Frage, wer Vorfahrt hat, wenn zwei Segelboote Gefahr laufen zu kollidieren. Wenn die beiden Boote über unterschiedlichen Bug liegen, hat dasjenige auf Backbordbug Vorrang vor dem anderen, das über Steuerbordbug liegt.

Wenn zwei Segelboot über den gleichen Bug liegen, dann ist das Luvboot gegenüber dem Leeboot ausweichpflichtig (siehe Abbildungen).

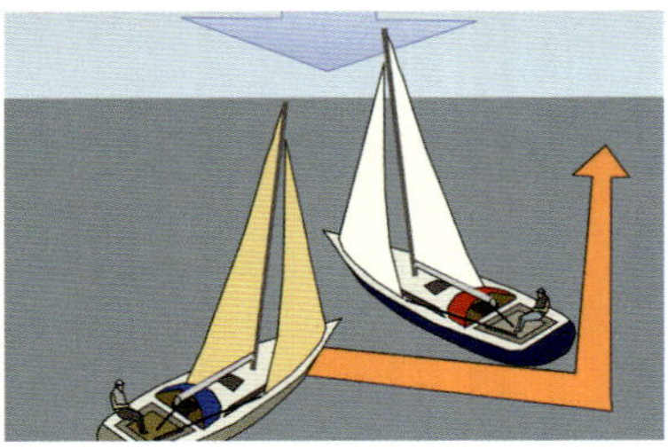

Ein Segelboot über Steuerbordbug weicht einem anderen auf Backbordbug aus.

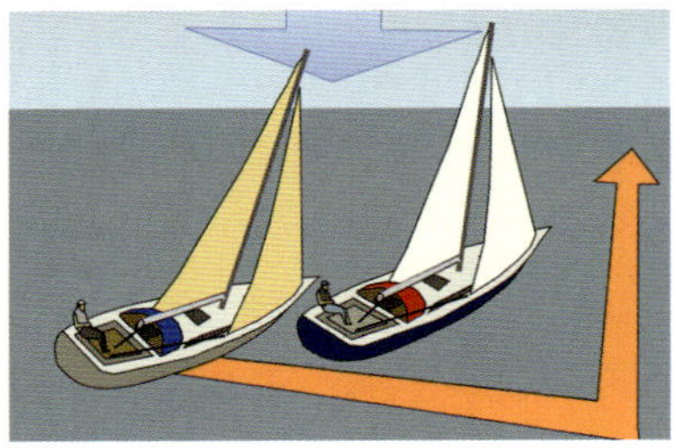

Wenn zwei Segelboot über denselben Bug liegen, hat das Leeboot Wegerecht.

Lichter und Signalkörper

Bei Nacht helfen Navigationslichter dabei, andere Fahrzeuge vom Ruderboot bis zum Supertanker zu identifizieren. Die Lichter müssen von Sonnenaufgang bis Sonnenuntergang sowie bei eingeschränkter Sicht geführt werden.

Anhand der Lichter erkennt man Typ und Größe des Schiffs, seine Fahrtrichtung, ob es unter Motor oder Segel fährt, ob es in Fahrt ist oder vor Anker liegt und ob es einer bestimmten Aktivität nachgeht, beispielsweise Fischen oder Schleppen. Jeder Schiffstyp führt eine andere Kombination von weißen und farbigen Lichtern.

TIPP

Es gibt eine Menge Regeln zu lernen. Als Hilfen stehen zahlreiche Lernmittel in Druckform, im Internet und in Form von Apps zur Verfügung.

Signalkörper

Tagsüber führen Schiffe Signalkörper, um den anderen Schiffsverkehr zu informieren, welcher Schiffstyp sie selbst sind und welcher Aktivität sie nachgehen. Das gilt für die Zeit, in der sie in schiffbaren Gewässern Fahrt machen, vor Anker liegen oder auf Grund sitzen.

Diese Signalkörper erfüllen denselben Zweck wie die Lichter, aber es

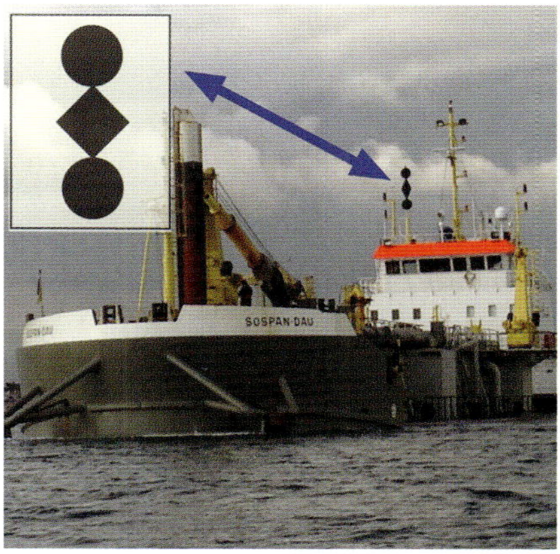

Bei diesem Schiff handelt es sich um einen Schwimmbagger, der in einer schmalen Fahrrinne arbeitet. Er führt drei schwarze Signalkörper senkrecht übereinander, oben einen Ball, darunter einen Rhombus und unten einen zweiten Ball. Das bedeutet, dass er manövrierbehindert ist und dass andere Fahrzeuge sich freihalten müssen.

gibt sie nicht in so vielen Kombinationen. Signalkörper umfassen einzeln oder in Kombination vier Grundformen – Ball, Kegel, Rhombus und Zylinder.

Schall- und Lichtsignale

An Land ist die Betätigung von Hupe und Fernlicht eher Ausdruck der augenblicklichen Gefühle des Fahrers als spezifische Signale.

Auf See sind Schall- und Lichtsignale Teil eines internationalen Codes, mit dem anderen Seefahrern in der Nähe bestimmte Meldungen und Nachrichten übermittelt werden sollen. Bootsfahrer müssen diesen Code lernen und ihn befolgen, um Unklarheiten zu vermeiden und Kollisionen zu verhüten. Auf Schiffen wird eine Kombination aus Glocken, Pfeifen (oder Hörnern) und Gongs benutzt, um die anderen Verkehrsteilnehmer über die eigene Anwesenheit, Typ und Größe sowie Absichten zu informieren.

BETONNUNG

Es gibt unterschiedliche Arten von Seezeichen, die wie die Verkehrsschilder an Land jeweils ihre eigene Bedeutung haben. Jede Art besitzt ihre eigene Form und Farbe zur Erkennung bei Tag und eine bestimmte Abfolge von Blink- und Blitzlichtern für die Nacht.

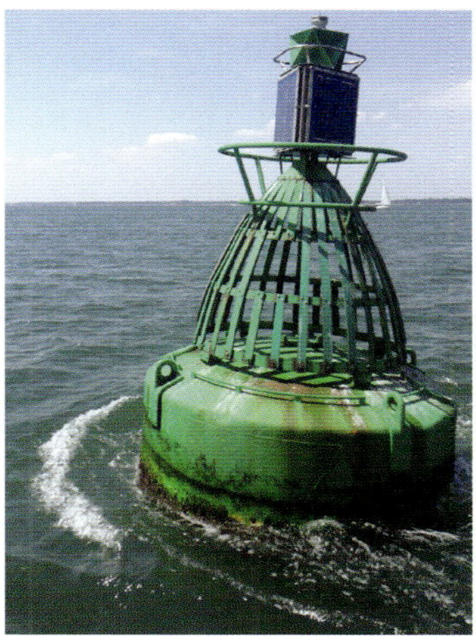

Seezeichen und Tonnen dienen in der Seefahrt seit Jahrhunderten als Wegmarken in Häfen und Flussmündungen, an Küstenlinien und in Küstengewässern.

Seezeichen sind in den Seekarten vermerkt. Ihre Bedeutung zu kennen, sie zu suchen und zu finden, sind alles wichtige Dinge, die der Navigator beherrschen muss.

- Ein Seezeichen, das schwimmt, wird als Tonne oder Boje bezeichnet.
- Das Wort »Betonnung« steht für ein System aus schwimmenden und stationären Seezeichen, die auf Gefahrenstellen hinweisen und sichere Fahrrinnen kennzeichnen.
- Betonnungssysteme werden von der International Association of Lighthouse Authorities (IALA) festgelegt. Derzeit gibt es weltweit zwei Systeme: IALA A und IALA B.

IALA-BETONNUNGSSYSTEME

***IALA A** gilt in Afrika, in weiten Teilen Asiens, Australien, Europa und Indien.*

***IALA B** gilt in Nord-, mittel- und südamerikanischen Ländern, Japan, Korea und den Philippinen. Der einzige Unterschied zwischen den beiden Systemen liegt in den Farben der Seezeichen. Unter IALA A sind die Backbord-Lateralzeichen rot und die Steuerbord-Lateralzeichen grün. Unter IALA B ist es genau umgekehrt.*

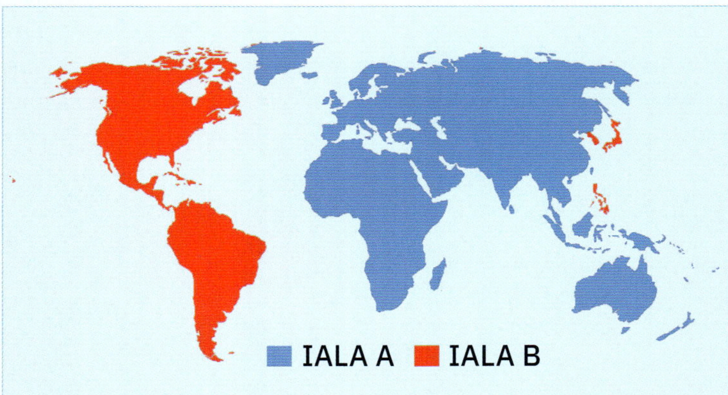

Die Betonnungssystem der International Association of Lighthouse Authorities (IALA).

Arten von Seezeichen

Die vier Hauptarten von Seezeichen sind:

Lateralzeichen zeigen die Backbord- und Steuerbordseite von Fahrrinnen an.

In der **Region A** sind Lateralzeichen auf der Steuerbordseite grün und müssen mit der Steuerbordseite des Schiffs passiert werden. Die Zeichen auf der Backbordseite des Fahrwassers sind rot und müssen mit der Backbordseite des Schiffs passiert werden.

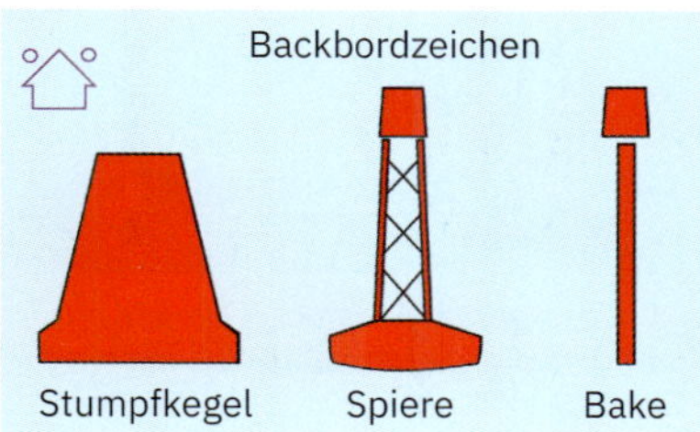

Backbord-Lateralzeichen Region A.

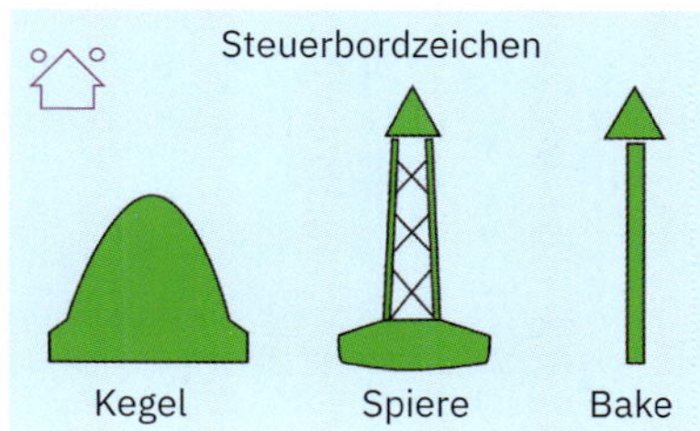

Steuerbord-Lateralzeichen Region A.

In der **Region B** sind Lateralzeichen auf der Steuerbordseite des Fahrwassers rot und auf der Backbordseite grün.

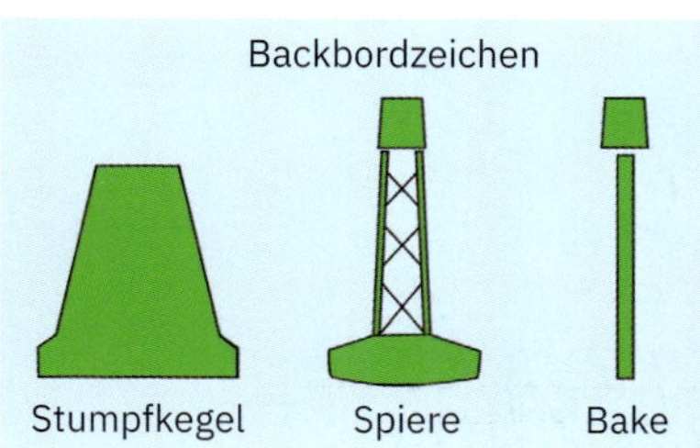

Backbord-Lateralzeichen Region B.

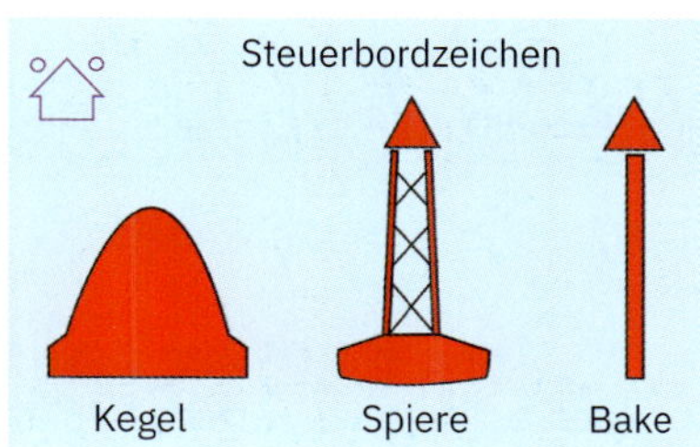

Steuerbord-Lateralzeichen Region B.

Kardinalzeichen warnen vor Gefahrenstellen wie Untiefen und Felsen. Ihre Markierungen und Formen bezeichnen die Himmelsrichtung, in der sie zu passieren sind, also nördlich, südlich, westlich oder östlich. Das Schiff muss sich also beispielsweise westlich einer Westtonne, oder östlich einer Osttonne halten.

Ansteuerungstonnen weisen darauf hin, dass das Wasser rundherum tief ist. Sie markieren den Beginn eines betonnten Fahrwassers bei der Ansteuerung von See.

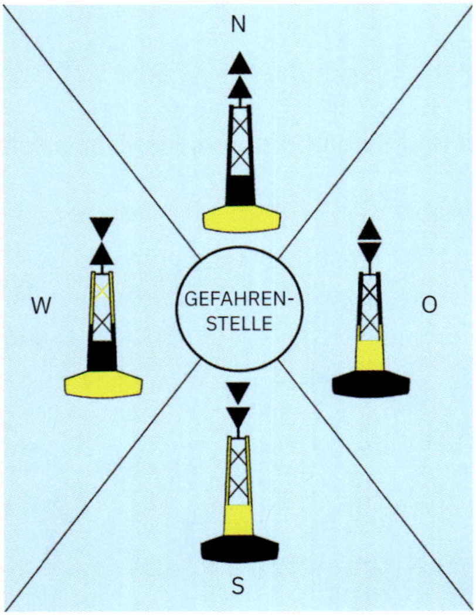

Kardinalzeichen warnen vor Gefahren wie Felsen oder Untiefen. Ihre Formen und Farben weisen darauf hin, ob sie nördlich, südlich, östlich oder westlich passiert werden müssen.

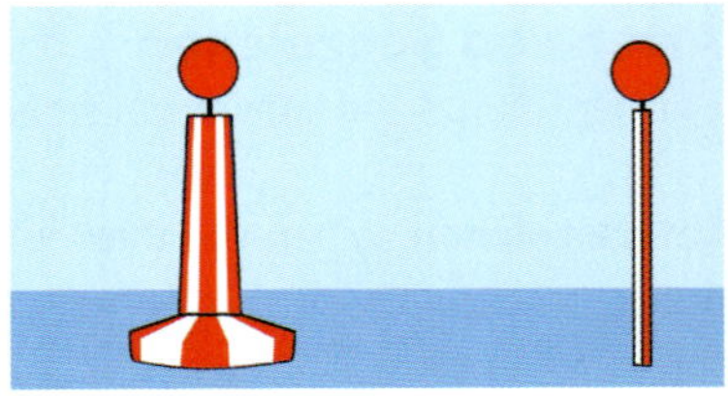

Ansteuerungstonnen zeigen, dass das Wasser ringsherum tief ist.

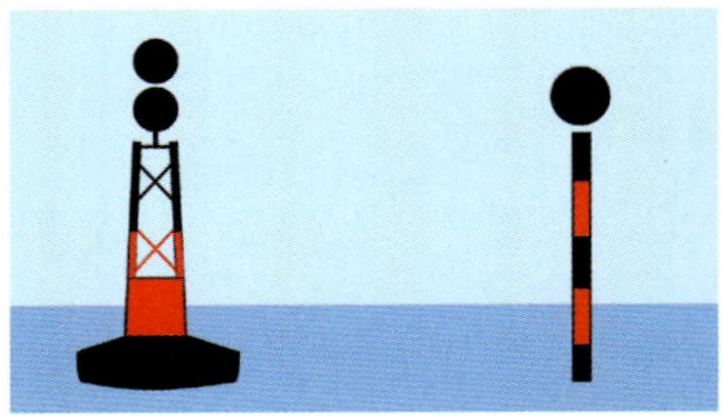

Einzelgefahrenzeichen verweisen auf einzelne Gefahrenstellen mit ringsum tiefem Wasser. Gut vom Zeichen freihalten.

Einzelgefahrenzeichen weisen auf einzelne Gefahrenstellen wie etwa ein Wrack hin, in dessen Umgebung das Wasser tief ist. Schiffe sollten sich auf allen Seiten gut freihalten.

WETTERVORHERSAGEN

Es ist guter Brauch, die Wettervorhersagen zu studieren, bevor man segeln geht.

Als Skipper befasst man sich immer mit den Vorhersagen, um seinen Törnplan auf die zu erwartenden Bedingungen abzustimmen. Wenn die Vorhersage schlechtes Wetter erwarten lässt, verschiebt man das Auslaufen oder wählt ein anderes Ziel.

Vorhersagen über mehr als eine Woche bieten bestenfalls eine sehr allgemeine Vorstellung, was an Wetter zu erwarten ist. Für einen oder zwei Tage sind Wettervorhersagen viel genauer.

Die meisten Vorhersagen basieren auf den Daten der nationalen Wetterdienste, die dann von anderen Diensten auf verschiedene Weise aufbereitet werden. Im Zweifelsfall hält man sich aber besser an die Angaben der Wetterdienste, die online oder über ihre jeweilige App verbreitet werden.

Es ist anzuraten, mehrere Vorhersagequellen zu prüfen, da sie teilweise deutlich unterschiedliche Ergebnisse liefern, je nach Interpretation der Daten durch die vorhersagende Stelle. Viele Wetter-Apps kann man kostenlos herunterladen, um gegebenenfalls später ein Upgrade zu kaufen, das mehr Details liefert.

Beispiele für Wetterberichte und -vorhersagen:

- **DWD** Website und mobile Apps mit Vorhersagen für die Seeschifffahrt, Binnengewässer, Bodenluftdruck, Windstärke und -richtung, Bewölkung und Niederschlag.
- **Windy** Ausgezeichnete kostenlose App mit detaillierten Informationen einschl. animierten Wetterkarten für weltweite Vorhersagen.
- **Windguru** Eine der beliebtesten Websites für Windsurfer mit detaillierten Angaben zu beliebten Segelrevieren weltweit. Kostenlose App.
- **Windfinder** Vorhersagen für Wind und Wellenhöhen weltweit. Kostenlose App. Upgrade mit detaillierteren Informationen gegen Bezahlung.
- **PredictWind**. Vorhersagen auf der Basis US-amerikanischer und europäischer Daten. Hoch aufgelöste globale Vorhersagen mit Online-Wetterrouting.
- MSI (Schiffssicherheitsinformationen) per UKW-Funk.
- Wetterberichte und -vorhersagen über Radio und Fernsehen.
- NAVTEX, Wetterfax und INMARSAT-C.
- Hafenmeistereien und Marinas.

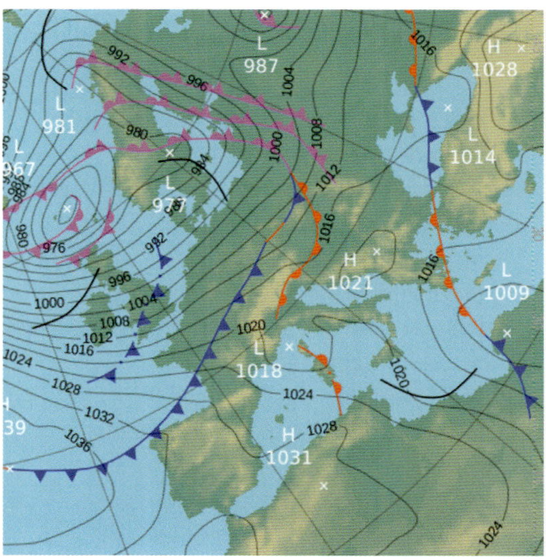

Bodenluftdruckkarten liefern bis zu fünf Tagen im Voraus Informationen über aufziehende Wettersysteme. Sie zeigen Hoch- und Tiefdruckgebiete mit Isobaren (Linien gleichen Drucks). Hochdruck geht in der Regel mit ruhigem Wetter einher, während Tiefdruck normalerweise mit unruhigem Wetter assoziiert wird.

BEGRIFFE AUS DER WETTERVORHERSAGE

Diese Begriffe werden in Wetterberichten und -vorhersagen verwendet:

Großwetterlage – wie, wann und wohin ein Wettersystem zieht
Schönwetter – kein signifikanter Niederschlag
Rückdrehend – die Windrichtung ändert sich gegen den Uhrzeigersinn
Rechtsdrehend – die Windrichtung ändert sich im Uhrzeigersinn
Luftdruck und Tendenz:
Gleichbleibend – Änderung weniger als 0,1 hPa in 3 Std.
Langsam steigend oder fallend – Änderung 0,1–1,5 hPa in den letzten 3 Std.
Steigend oder fallend – Änderung 1,6–3,5 hPa in den letzten 3 Std.
Schnell steigend oder fallend – Änderung 3,6–6,0 hPa in den letzten 3 Std.
Sehr schnell steigend oder fallend – Änderung mehr als 6,0 hPa in den letzten 3 Std.
Jetzt fallend, jetzt steigend – Änderung von steigend zu fallend oder fallend zu steigend in den letzten 3 Std.
Sicht:
Gut – weiter als 5 sm
Mäßig – 2–5 sm
Schlecht – 1000 m–2 sm
Nebel – weniger als 1000 m
Seegang:
Glatt – Wellenhöhe 0,2–0,5 m
Leicht bewegt – Wellenhöhe 0,5–1,25 m
Mäßig bewegt – Wellenhöhe 1,25–2,5 m
Grob – Wellenhöhe 2,5–4,0 m
Sehr grob – Wellenhöhe 4 m+
Starkwind- und Sturmwarnungen:
Starker/steifer Wind – durchschnittliche Windstärke 6–7 Bft.
Stürmischer Wind – durchschnittliche Windstärke 8 Bft., in Böen 43–51 kn
Sturm – durchschnittliche Windstärke 9+ Bft., in Böen 52–60 kn
Schwerer Sturm – durchschnittliche Windstärke 10+ Bft., in Böen 61–68 kn
Orkanartiger Sturm – durchschnittliche Windstärke 11+ Bft., in Böen 69+ kn
Orkan – durchschnittliche Windstärke 12+ Bft.
Zeitlicher Ablauf:
Bevorstehend – binnen 6 Std. ab Meldung
Bald – binnen 6–12 Std. ab Meldung
Später – mehr als 12 Std. ab Meldung

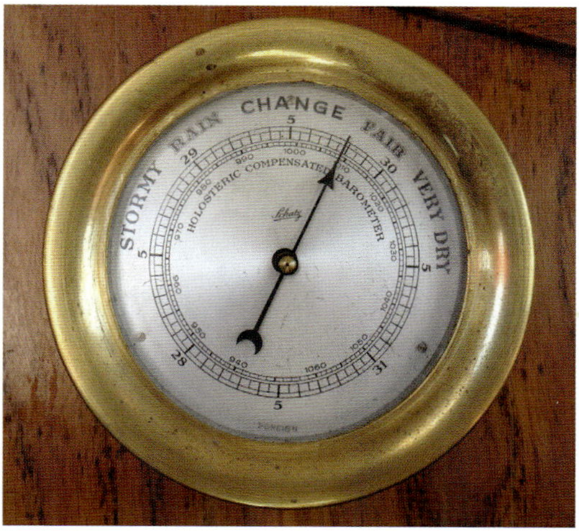

Viele Yachten sind mit einem Barometer ausgestattet. Dieses Instrument misst den Luftdruck und hilft so bei der Vorhersage kurzfristiger Wetteränderungen.

GEZEITEN

Unter Gezeiten oder Tide versteht man das Ansteigen und Fallen des Meeresspiegels aufgrund der auf die Erde einwirkenden Anziehungskraft von Mond und Sonne. Aus dem Steigen und Fallen resultiert der so genannte Tiden- oder Gezeitenstrom, eine horizontale Fließbewegung, die entsprechend der Höhe der Tide vorwärts oder rückwärts gerichtet ist.

Häufigkeit, Höhe und Geschwindigkeit des Tidenstroms variieren, über die Erdoberfläche besehen, beträchtlich. Gut für den Navigator ist die Tatsache, dass die Gezeiten an jedem beliebigen Ort vorhersehbar und in nautischen Jahrbüchern, in Tidenatlanten und auf Karten nachzuschauen sind.

GRUNDPRINZIPIEN

Um die Grundprinzipien des Auftretens der Gezeiten und ihrer Variationen zu verstehen, hilft es, sich einmal anzusehen, wie einerseits der Mond die Erde umkreist und andererseits die Erde sich um ihre Achse dreht, während sie um die Sonne kreist. Dazu ein paar nützliche Daten:

- *Der Mond braucht 27,32 Tage, um einmal die Erde zu umkreisen.*
- *Die Erde benötigt knapp 24 Stunden für eine Drehung um ihre Achse und 365,25 Tage, um einmal die Sonne zu umkreisen.*
- *Aufgrund des Rotationszyklus von Erde und Mond beträgt der Gezeitenzyklus 24 Stunden und 50 Minuten. In diesem Zeitraum gibt es je nach Lage auf der Erdoberfläche entweder zweimal Hochwasser und zweimal Niedrigwasser oder ein Niedrig- und ein Hochwasser. Alle 14 Tage liegen Sonne, Mond und Erde auf einer Linie.*

Springtiden

Wenn Sonne, Mond und Erde auf einer Linie liegen, wirkt die gemeinsame Anziehungskraft von Sonne und Mond auf die Erde am stärksten, so dass es zu einer Springtide kommt. Dann erreichen Hoch- und Niedrigwasser ihre größte Höhe und die Tidenströme ihre größte Geschwindigkeit.

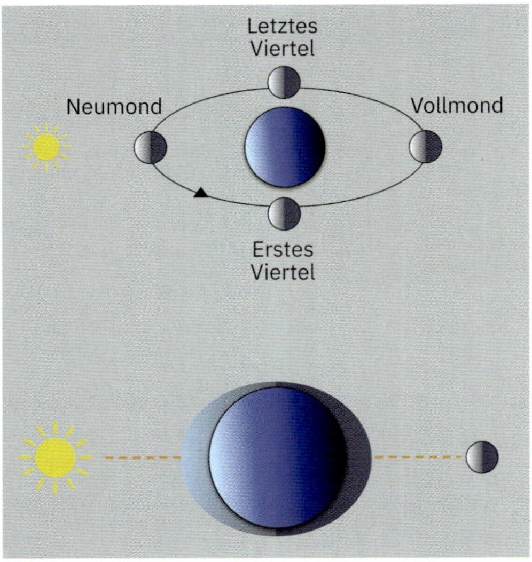

Die Gezeiten werden verursacht durch die relative Stellung von Sonne und Mond und ihre gemeinsame Anziehungskraft auf die Erde. Wenn Sonne, Erde und Mond sich auf einer Linie befinden, ist die Anziehungskraft am stärksten, so dass es zu Springtiden kommt.

Nipptiden

Wenn Sonne und Mond die gemeinsame Linie mit der Erde verlassen, wird ihre Anziehungskraft schwächer, bis sie im rechten Winkel zueinander stehen. Zu diesem Zeitpunkt kommt es zu Nipptiden, bei denen der Tidenhub am kleinsten ist und die Tidenströme am langsamsten sind.

Tidenhub

Der Tidenhub variiert an jedem Punkt auf der Erdoberfläche in Abhängigkeit von Küstentopografie, Wassertiefe und Größe des Seegebiets oder Ozeans. Außergewöhnlich hohen Tidenhub findet man an den Küsten der Ozeane und in Buchten. Der größte Tidenhub tritt auf in der Bay of Fundy in Kanada (15,15 m), während beispielsweise in der Ostsee und im Mittelmeer kaum Gezeiten zu spüren sind, weil diese Gebiete im Vergleich zu den großen Ozeanen weniger Volumen und eine geringere Ausdehnung aufweisen.

Tidenströme

Tidenströme sind wichtig für die Navigation und ändern sich an jedem gegebenen Ort dauernd. Sowohl Richtung des Stroms, die Versetzung, als auch

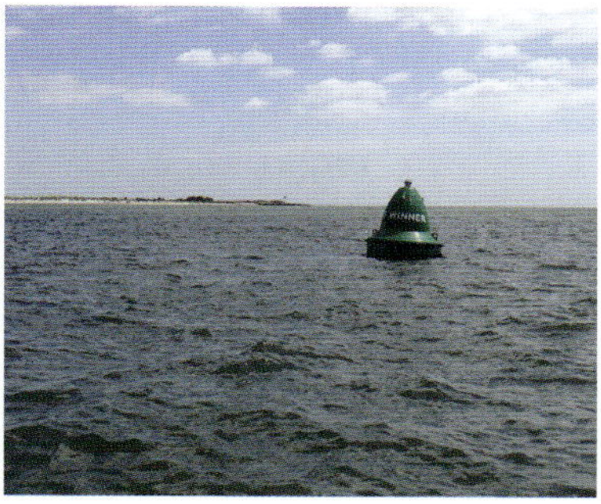

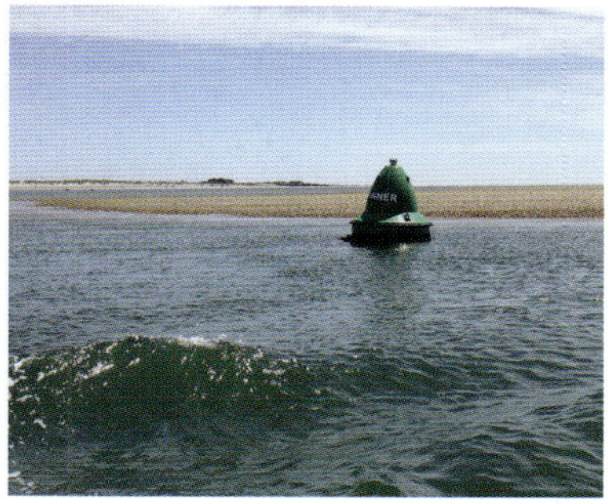

Die Aufnahme derselben Position bei Hoch- und Niedrigwasser zeigt deutlich, warum die Fahrwassertonne sich dort befindet, wo sie ist, nämlich am Rand der Fahrrinne zum Hafen.

seine Stärke ändern sich mit der Zeit, wenn die Tide bis zum Niedrigwasser fällt (Ebbe) oder bis zum Hochwasser ansteigt (Flut).

Bei der Planung eines Törns in Tidengewässern muss der Navigator vor dem Auslaufen die Tidendaten prüfen. Dafür stehen ihm nautische Jahrbücher, Seekarten, Gezeitentafeln und Stromatlanten zur Verfügung.

So können Skipper und Navigator

- die Auslaufzeit planen,
- den Tidenstrom nutzen, um die Reisezeit zu verkürzen,
- die Reisezeit abschätzen,
- die Ankunftszeit planen,
- potentielle Gefahren aufgrund der Tidenbedingungen meiden,
- sicherstellen, dass sie jederzeit genügend Wasser unter dem Kiel haben.

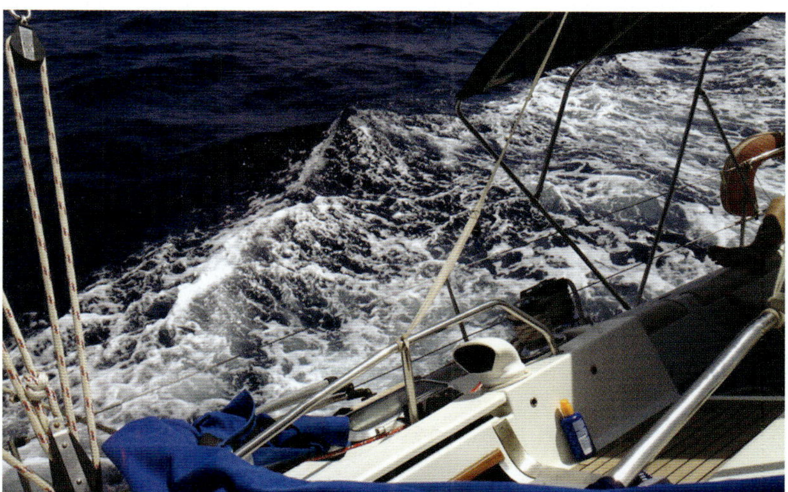

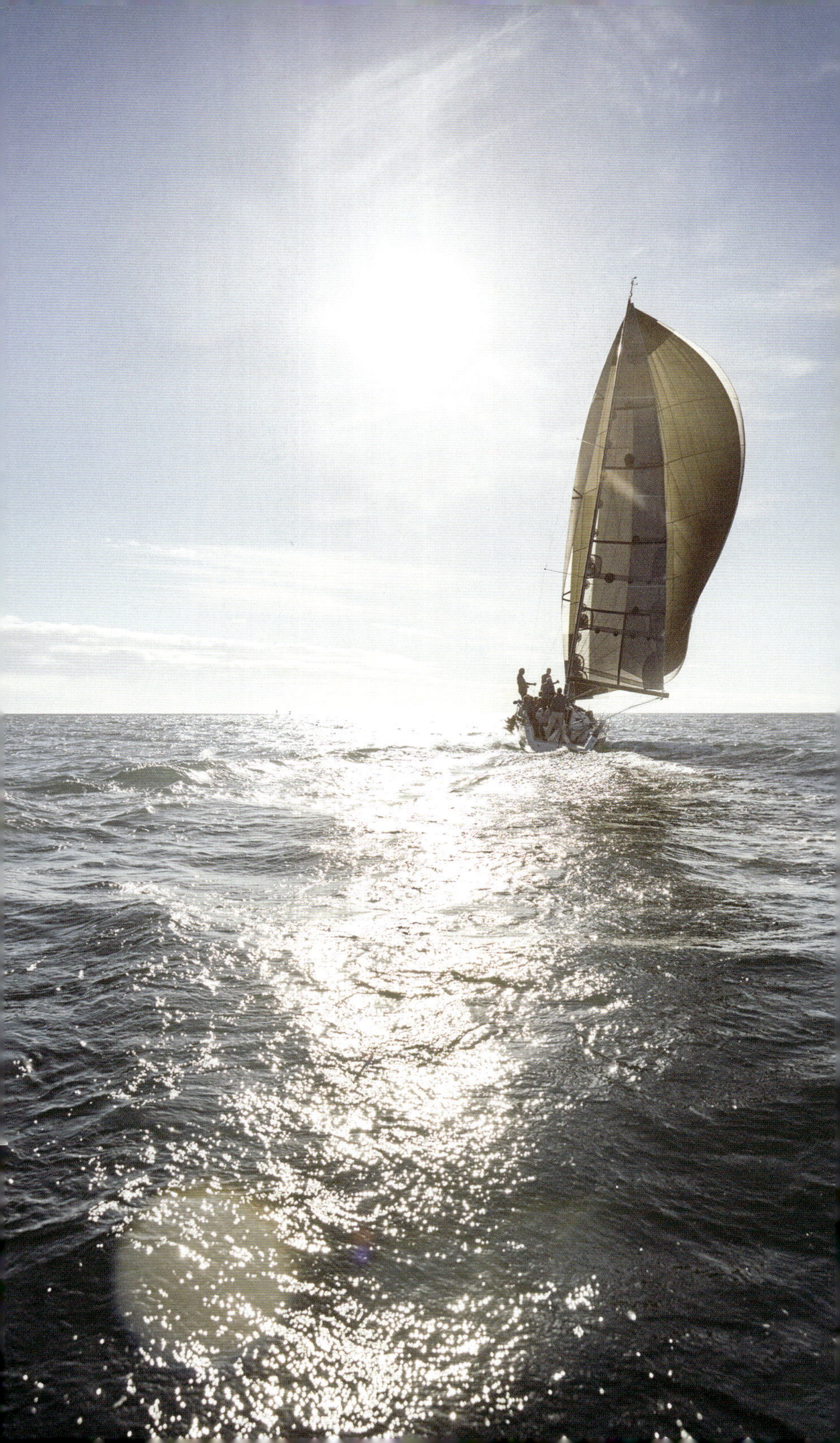

KAPITEL 08

SICHERHEIT AUF SEE

Manche Menschen haben Angst vor dem Segeln oder machen sich Sorgen. Werde ich seekrank? Geraten wir in einen heftigen Sturm? Kentert oder sinkt das Boot? Werde ich vom Skipper angeschrieen? Was passiert, wenn ich über Bord gehe?

Wenn man Angst davor hat, mit einem Boot aufs Meer hinauszufahren, ist es vielleicht beruhigend zu wissen, dass solche Gefühle nicht ungewöhnlich sind. Vieles hängt davon ab, ein Verständnis für die praktischen Aspekte des Segelns zu entwickeln, wie man Risiken auf See mindert und Selbstvertrauen und seglerische Fertigkeiten erwirbt.

Angst oder Furcht sind natürlich. Sie ist ein Gefühl, das sich beim Menschen entwickelt hat, um vor Gefahren geschützt zu sein. Wenn man also sicher bleiben will, dann ist es wahrscheinlich gut, auf See ein wenig ängstlich zu sein. Die Frage muss eher lauten, was die Angstgefühle auslöst.

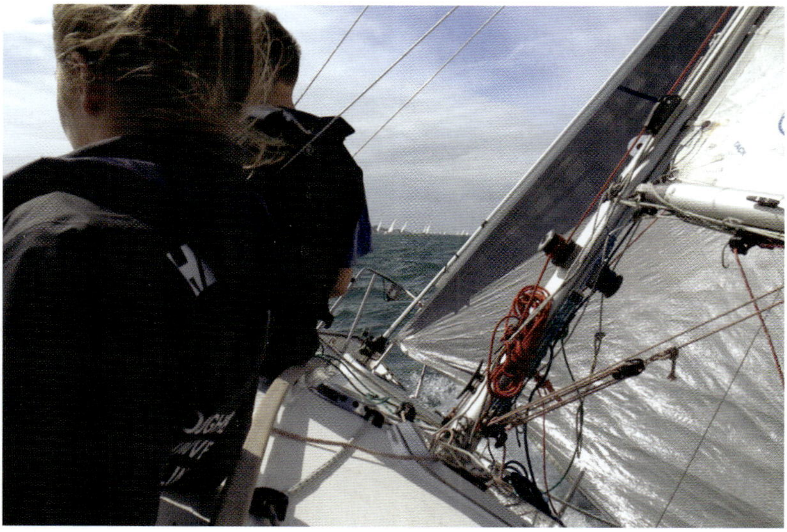

▲ *Segelboote sind so konstruiert, dass sie sich im Wind auf die Seite legen. Das kann für Einsteiger ein Gefühl der Angst hervorrufen, auf das man sich vorbereiten muss.*

WISSEN VERTREIBT FURCHT

Wenn das Boot krängt, macht sich dann plötzlich ein Gefühl der Beunruhigung bemerkbar, dass das Boot sich noch weiter auf die Seite legt und dann kentert? Entscheidend ist hier, dass man die Fakten kennt. Es hilft, wenn man sich daran erinnert, dass ein Segelboot so konstruiert ist, dass es krängt. Der Kiel unter dem Rumpf wirkt als Gegengewicht und verhindert, dass das Boot umkippt. Wenn man weiß, was passiert, kann man diese bestimmte Angst und andere Ängste unter Kontrolle bekommen.

Man braucht Zeit, um Selbstvertrauen zu entwickeln.
Angst, das Gleichgewicht zu verlieren und über Bord zu fallen? In diesem Fall ist es nicht schlimm, während der Fahrt sicher im Cockpit zu bleiben. Wer unsicher auf den Beinen ist, braucht sich nicht auf das Vordeck zu wagen, solange er nicht dazu bereit ist. Auf das Vordeck zu gehen, kann man üben, wenn das Boot festgemacht ist. Wo die Griffe an Deck angebracht sind, lernt man in kürzester Zeit, und diese negativen Gedanken sollte man schnellstens zu zerstreuen versuchen. Mit dem Skipper und den Crewkameraden über Ängste und Besorgnisse sprechen und sich die Zeit nehmen, um Selbstvertrauen auf- und Ängste abzubauen.

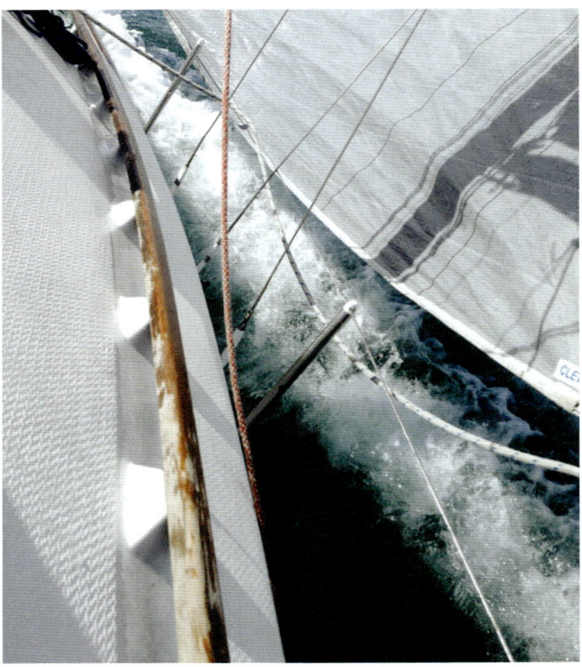

In der Seefahrt gibt es einen alten Spruch, der da lautet »eine Hand für dich selbst und eine Hand für das Schiff«. Mit anderen Worten: Wer sich auf dem Boot immer gut festhält, der läuft weniger Gefahr auszurutschen, wenn das Boot durch die Wellen pflügt.

Ist das Boot sicher?

Ein guter Skipper hat unweigerlich tiefen Respekt vor der See. Für ihn steht die Sicherheit von Yacht und Crew an oberster Stelle. Ein guter Skipper geht nur hinaus auf See, wenn das sicher ist. Er sorgt dafür, dass das Boot ordentlich instand gehalten ist und prüft regelmäßig alles stehende und laufende Gut einschließlich Motor. Einer der Gründe dafür ist, dass er gelernt hat, nichts dem Zufall zu überlassen. Er kennt alle Systeme und Anlagen des Boots, innen und außen. Sollte etwas schiefgehen, kann er es wahrscheinlich selbst in Ordnung bringen. Gelegentlich wird auch er professionelle Hilfe in Anspruch nehmen müssen, aber das geschieht dann in der Regel, wenn das Boot aus dem Wasser genommen wird.

DIE SICHERHEITSEINWEISUNG

Bevor es auf einen Segeltörn geht, ruft der Skipper die Crew zusammen und geht mit ihr die Sicherheitsausrüstung und den Törnplan durch. Dabei spricht er auch Standort und Benutzung der Feuerlöscher an sowie die Benutzung der Rettungswesten und ihren Aufbewahrungsort, die Erste-Hilfe-Ausrüstung und schließlich den Umgang mit Gaskocher und Wassersystem.

TIPPS

- *Bei Gefühlen der Angst und Besorgnis keine Selbstzweifel aufkommen lassen. Diese Gefühle sind ganz normal, wenn man mit etwas Unbekanntem konfrontiert ist. Daran zurückdenken, wie es war, als man die ersten Versuche mit dem Fahrrad oder Auto gemacht hat.*
- *Den Ängsten ins Gesicht sehen und sie mit der Zeit überwinden.*
- *Wissen zerstreut Furcht, auf die Fähigkeiten des Bootes besinnen.*
- *Sicherheitsmaßnahmen üben (siehe S. 110).*
- *Neu gelernte Fertigkeiten mit dem Gefühl belohnen, etwas geleistet zu haben.*
- *Aus wunderschönen Sonnenuntergängen, dem Gefühl der Freiheit, das das Segeln mit sich bringt, und der Gemeinschaft mit den anderen, die im wahrsten Sinne des Wortes im selben Boot sitzen, das Beste machen.*

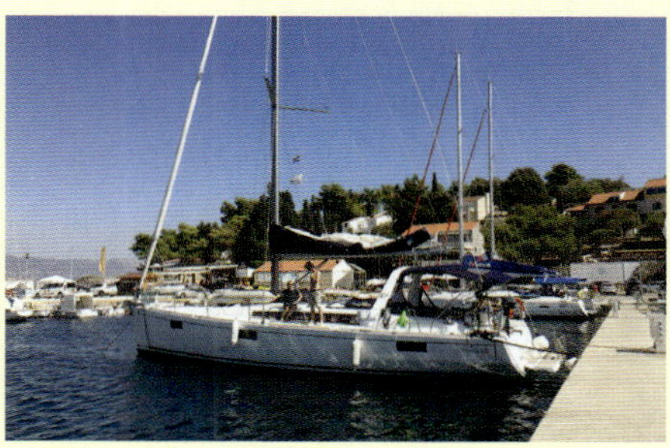

RETTUNGSWESTEN

Rettungswesten und Schwimmwesten werden unter dem Begriff »persönliche Rettungsmittel« zusammengefasst. Seerettungsorganisationen auf der ganzen Welt empfehlen, dass Wassersportler jederzeit persönliche Rettungsmittel tragen sollten, wenn sie sich auf dem Wasser befinden. In manchen Ländern ist das sogar gesetzlich vorgeschrieben.
Die meisten Dachorganisationen im Sport stimmen dem zu, sind aber teilweise der Ansicht, dass persönliche Rettungsmittel nur dann getragen werden sollten, wenn der Benutzer sich nicht sicher ist, dass er sie nicht benötigt.

RETTUNGSWESTE ODER SCHWIMMWESTE?

Der grundlegende Unterschied zwischen beiden liegt darin, dass die Rettungsweste nur im aufgeblasenen Zustand funktioniert, während die Schwimmweste praktisch über einen »eingebauten« Auftrieb verfügt.

Schwimmwesten werden empfohlen für

- Kanus, Kajaks , Segeljollen, Stand-up Paddle Boards, Jetski und beim Wakeboarding, Wasserskilaufen, Kitesurfing und Windsurfing.

Rettungswesten sind anzuraten für

- Motorkreuzer, offene Boote einschließlich Festrumpfschlauchboote und kleine Motorboote, Segelyachten, Beiboote.

TIPPS

- *Persönliche Rettungsmittel für Kinder müssen genau auf deren Größe und Gewicht abgestimmt sein.*
- *Nur qualitativ hochwertige Rettungswesten verwenden, die passen.*
- *Rettungswesten sollten manuell und automatisch ausgelöst werden können und mit einer Leuchte und einem Spritzschutz ausgestattet sein.*
- *Bei Rettungswesten muss unbedingt ein Schrittgurt angelegt werden. Dieser Gurt verhindert, dass die Weste im Wasser über den Kopf rutscht.*
- *Eine Schwimmweste ist nur dazu da, eine Person über Wasser zu halten.*
- *Eine Rettungsweste mit 150 N und mehr Auftriebskraft ist so konstruiert, dass sie eine bewusstlose Person im Wasser auf den Rücken dreht.*

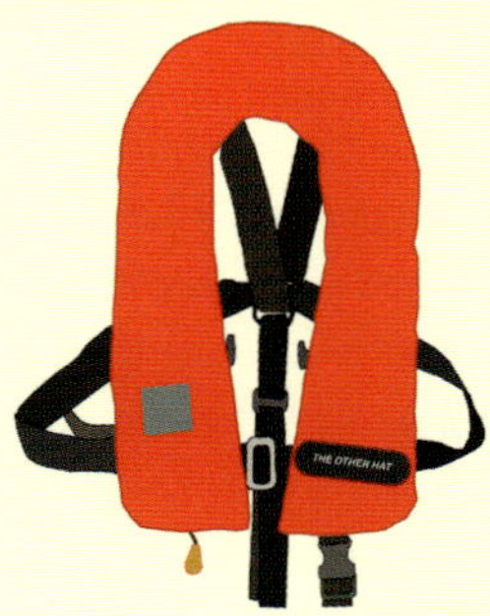

▲ *Seerettungsorganisationen auf der ganzen Welt empfehlen, dass Wassersportler jederzeit persönliche Rettungsmittel tragen sollten, wenn sie sich auf dem Wasser befinden. In manchen Ländern ist das sogar gesetzlich vorgeschrieben.*

AUFTRIEB

Die Auftriebskraft persönlicher Rettungsmittel wird in Newton (N) gemessen.

50

Eine Auftriebskraft von 50 N wird empfohlen für Jollensegeln, Kajakfahren und Windsurfen. Schwimmhilfen dieser Art besitzen nicht genügend Auftriebskraft, um jemanden zu schützen, der sich nicht selbst helfen kann, und sind kaum in der Lage, jemanden, der auf dem Bauch im Wasser liegt, auf den Rücken zu drehen.

100

Rettungsmittel mit 100 N werden für geschützte und ruhige Gewässer empfohlen. Sie sind vorgesehen für den Fall, dass jemand in ruhigem Wasser längere Zeit auf Rettung warten muss. Sie besitzen möglicherweise nicht genügend Auftriebskraft, um eine Person zu schützen, die sich nicht selbst helfen kann, und können einen Bewusstlosen, der schwere Kleidung trägt, wahrscheinlich nicht in die sichere Rückenlage drehen.

150

Rettungswesten mit 150 N werden empfohlen für die generelle Nutzung in Küsten- und landnahen Gewässern beim Segeln, Motorbootfahren und Fischen. Sie sind vorgesehen für die allgemeine Nutzung durch Erwachsene von durchschnittlicher Größe und durchschnittlichem Gewicht. Sie halten Bewusstlose automatisch in der Rückenlage. Ihre Leistungsfähigkeit kann beeinträchtigt sein, wenn der Nutzer schwere bzw. wasserdichte Kleidung trägt.

275

Rettungswesten mit 275 N werden für Hochseesegeln, Fischerei und andere kommerzielle Aktivitäten empfohlen. Sie sind in erster Linie für extreme Wetter- und Seebedingungen vorgesehen sowie für Personen mit schwerer Schutzkleidung, die sich negativ auf das Aufrichtvermögen niedriger eingestufter Westen auswirkt. Rettungswesten dieser Art sollen sicherstellen, dass die im Wasser treibende Person immer in der richtigen Position mit Mund und Nase über der Wasseroberfläche bleibt.

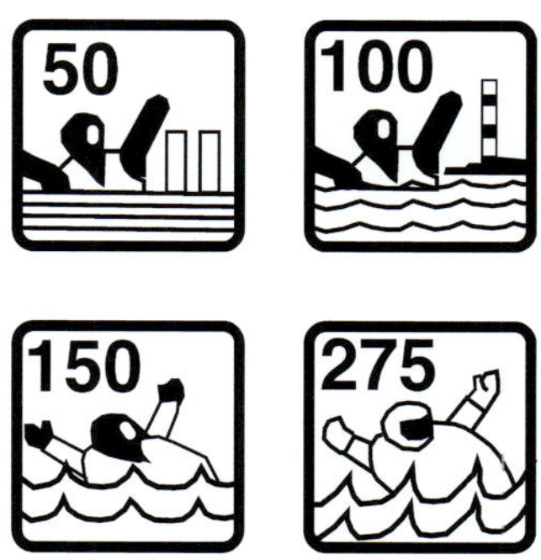

▲ *Die Internationale (ISO) und die Europäische (EN) Normungsorganisationen haben gemeinsame Festlegungen hinsichtlich der Merkmale persönlicher Auftriebshilfen getroffen. Die Auftriebskraft wird in Newton (N) gemessen.*

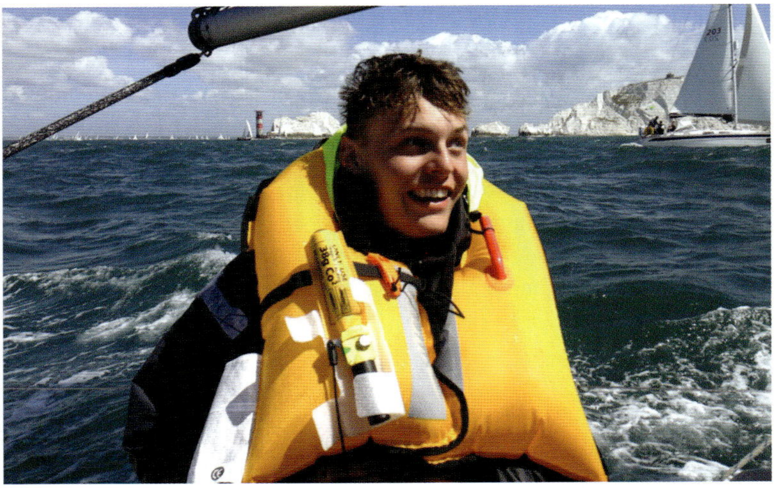

Die Rettungsweste dieses Crewmitglieds hat sich automatisch aufgeblasen, nachdem eine See übergekommen ist.

ERSTE HILFE AUF SEE

Der Skipper hat dafür zu sorgen, dass ein passender Ersthilfesatz und ein entsprechendes Handbuch an Bord sind. Es ist ratsam, dass mindestens ein Crewmitglied eine Ersthilfeausbildung besitzt.

Für den Bootssport gibt es eine ganze Reihe fertiger Ersthilfesätze. Für Tagestörns reicht ein einfacher Erste-Hilfe-Kasten aus dem Auto. Für längere Hochseepassagen sollte schon eine umfangreichere Ausrüstung an Bord sein.

MANN-ÜBER-BORD-DRILL

Wenn ein Crewmitglied auf See über Bord geht, besitzt eine gut trainierte Crew bessere Aussichten, die Person schnell wieder an Bord zu bekommen, als eine Mannschaft, die dieses Manöver nie geübt hat.

Der Skipper fragt vor dem Törn möglicherweise nach, ob jemand dieses Manöver schon mal durchgeführt hat, und wenn das nicht der Fall ist, wird er es mit allen üben.

Die Technik, jemanden aus dem Wasser zu bergen, hängt davon ab, ob das Boot unter Segel oder unter Motor läuft.

TIPP

Vorbeugung

Sicherzustellen, dass die Crew vorbereitet ist, ist wichtig, aber ebenso wichtig ist es, einen Notfall von vornherein zu verhindern. Die beiden Möglichkeiten, derartige Unfälle zu verhindern sind zum einen, an Deck immer Sicherheitsgurtzeug anzulegen, und zum anderen, rutschfeste Schuhe zu tragen.

DER DRILL

Wenn jemand über Bord geht:

1. *Skipper und Crew mit dem Ruf »Mann über Bord« alarmieren.*
2. *Mit ausgestrecktem Arm auf das Unfallopfer weisen.*
3. *Unfallopfer im Wasser nicht aus den Augen lassen.*

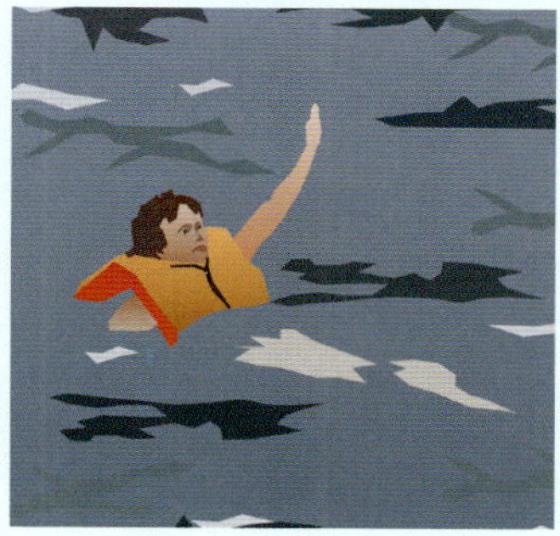

MüB unter Motor

- Das Boot in Lee des Opfers bringen.
- MüB gegen den Wind ansteuern.
- MüB im Blick behalten.
- MüB in Lee des Bootes aufnehmen.

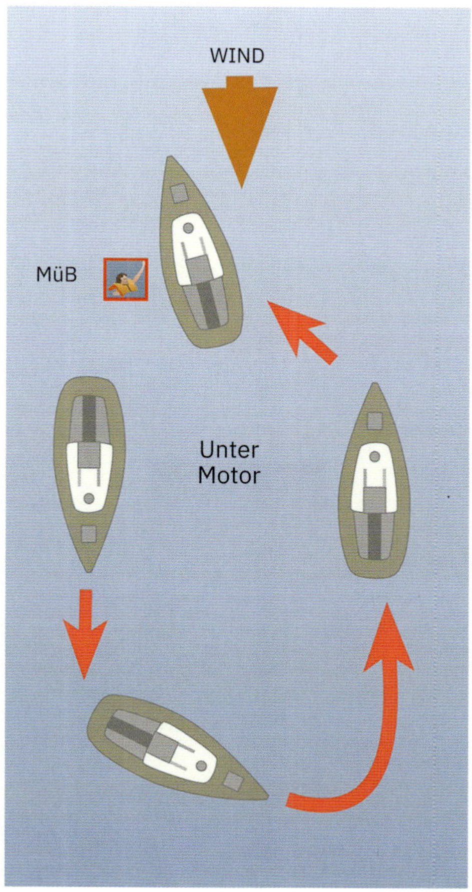

Der Skipper wendet das Boot unter Motor und stoppt in Luv des Opfers auf.

MüB unter Segel

- MüB im Blick behalten.
- Wenden und beidrehen – Vorsegeltrimm nicht ändern.
- Wenn unter Spinnaker, Kurs nach Luv ändern und Segel sofort niederholen.
- MüB Rettungsring zuwerfen.
- Markierungsboje aussetzen.
- Wenn noch in Hörweite, MüB beruhigen, dass man in die Rettungsposition manövriert.
- Auf Halbwind-/Raumschotskurs gehen und 5-6 Bootslängen entfernen.
- Wenden und mit der Leeseite des Boots auf den MüB zudriften.
- Fock- und Großschot fieren, bis die Segel zu killen beginnen.
- Hoch am Wind bleiben, damit die Segel jederzeit dichtgeholt oder gefiert werden können.

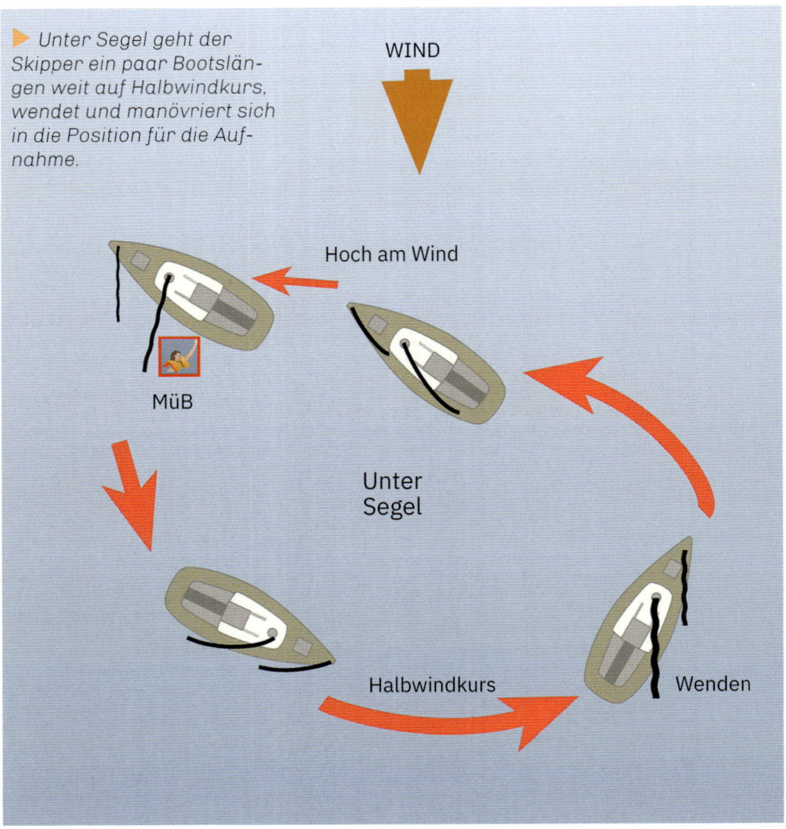

Unter Segel geht der Skipper ein paar Bootslängen weit auf Halbwindkurs, wendet und manövriert sich in die Position für die Aufnahme.

- Bei frischem Wind nur ein Segel benutzen.
- MüB langsam ansteuern, keinesfalls zu schnell.
- MüB in Lee hinter dem Mast aufnehmen.
- MüB bei schwachem Wind von Luv ansteuern und das Boot auf ihn zutreiben lassen, damit er in Lee aufgenommen werden kann.

MüB – Notstopp

- MüB im Blick behalten.
- Pinne hart nach Lee drücken, damit das Boot in den Wind dreht.
- Beim Wenden die Fockschot auf der Klampe lassen, so dass das Boot beidreht.
- Pinne auf die neue Leeseite überlegen, damit das Boot aufgestoppt bleibt.
- Der MüB sollte sich in Rufweite befinden. Rettungsleine zuwerfen, wenn er nahe genug ist.
- Mit Segel und Pinne näher an den MüB heranarbeiten.
- Alternativ Motor anlassen und Segel niederholen.

Der Skipper könnte sich zu einem Notstoppmanöver entscheiden, bei dem er schnell beidreht und dem MüB eine Leine zuwirft.

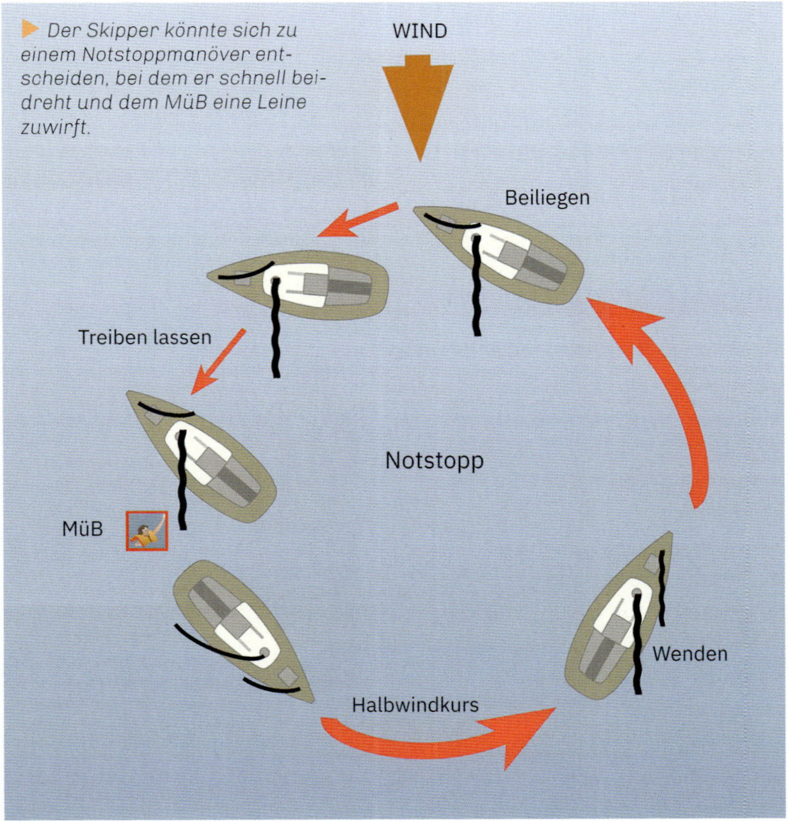

MüB aufnehmen

Einen MüB an Bord zu bekommen kann eine Herausforderung darstellen. Er kann unter Erschöpfung, Schock, Unterkühlung oder Verletzungen leiden und ist möglicherweise zu schwach, aus eigener Kraft an Bord zu kommen.

- Sobald der MüB längsseits ist, muss das Boot gestoppt und die Maschine im Leerlauf sein.
- Dem MüB eine Leine mit Palstek unter den Armen durchziehen und am Boot befestigen.
- Ein unverletzter, bei Bewusstsein befindlicher MüB kann bei ruhigem Wetter mit Hilfe eines Crewmitglieds über die Heck- oder Badeleiter an Bord klettern.
- Beiboot aussetzen, wenn der MüB nicht ohne Hilfe an Bord kommen kann.
- Eine Talje mit Schlinge am Großbaum oder am Großfall anbringen und den MüB mit deren Hilfe an Bord holen.
- Den MüB in Wolldecken und nach Möglichkeit Rettungsdecken einwickeln, um ihn warmzuhalten. Erste-Hilfe-Maßnahmen einleiten.

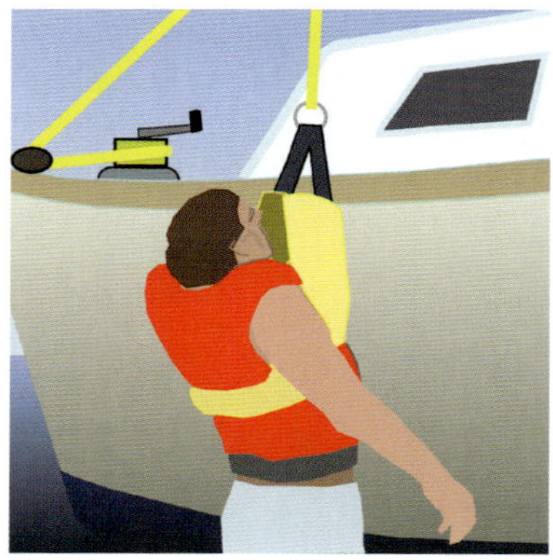

Sobald der MüB längsseits ist, wird er mit einer Leine gesichert und nach Weisung des Skippers an Bord genommen.

BRANDSCHUTZ

Ein Brand an Bord kann folgende Ursachen haben:

- Rauchen unter Deck
- Kochen in der Pantry
- Auslaufen von Butan oder Propan in die Bilge
- Fehlerhafte Verkabelung
- Diesel-/Benzindämpfe im Motorraum
- Brennbare Farben und Lösungsmittel

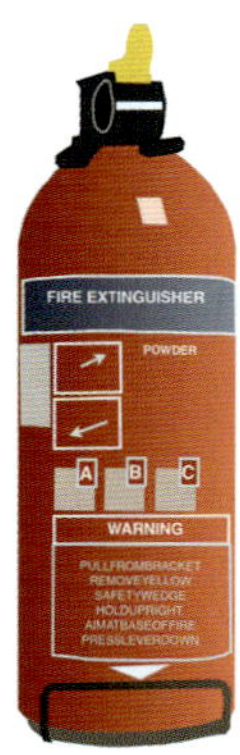

Der Brandschutz hat oberste Priorität an Bord und darf nicht dem Zufall überlassen bleiben. Wenn ein Brand ausbricht, kommt es auf eine ruhige, kontrollierte und sofortige Reaktion der Crew an.

Es muss sichergestellt sein, dass alle an Bord die Standorte der Feuerlöscher und Feuerlöschdecken kennen und wissen, wie sie anzuwenden sind.

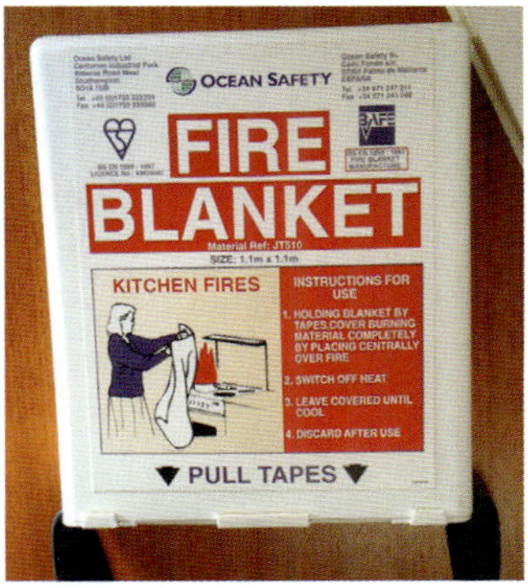

▲ *Es muss sichergestellt sein, dass alle an Bord wissen, wo sich die Feuerlöscher und Brandschutzdecken befinden und wie sie zu verwenden sind.*

TIPPS

Bandschutz

- *Unter Deck nicht rauchen*
- *Butan und Propan sind schwerer als Luft und sammeln sich bei einem Leck in den Bilgen. Zum Lüften Luken öffnen, auf Vorwindkurs gehen, damit Frischluft ins Boot kommt, und die Bilgepumpen laufen lassen.*
- *Gasleitungen bei Nichtgebrauch über die Ventile an Gasflaschen und Kochstellen schließen.*
- *Flammen an Kochstellen und unter Bratpfannen nicht unbeaufsichtigt lassen.*

ZUM GUTEN SCHLUSS...

Dieses Buch hat hoffentlich ein paar nützliche Tipps gegeben, die sich dereinst draußen auf dem Wasser als hilfreich erweisen. Auf den letzten Seiten ging es um die ernsten Seiten der Sicherheit und Sicherung, aber davon sollte sich niemand abschrecken lassen, denn Risiken und Gefahren gibt es bei allen sportlichen Aktivitäten.

Das Segeln ist eine wirklich spannende Aktivität, bei der man jedes Mal auf dem Wasser wieder den zündenden Funken verspürt. Der beste Weg, das zu lernen und zu erfahren ist es, wenn man sich einfach hineinstürzt und seine ganz eigenen Erfahrungen macht.

Happy sailing!

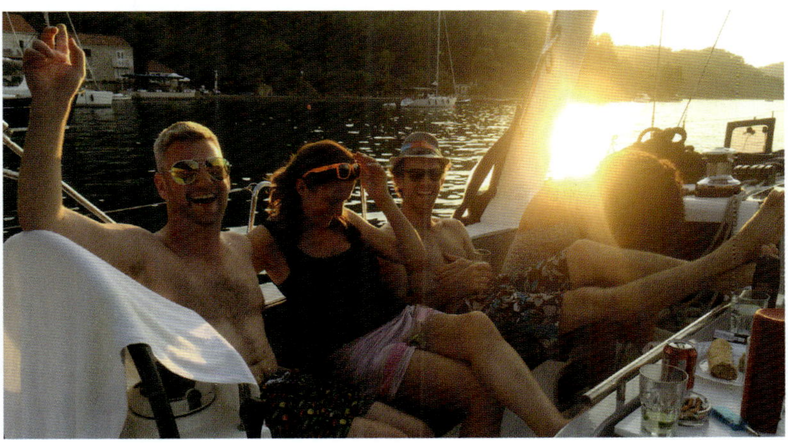

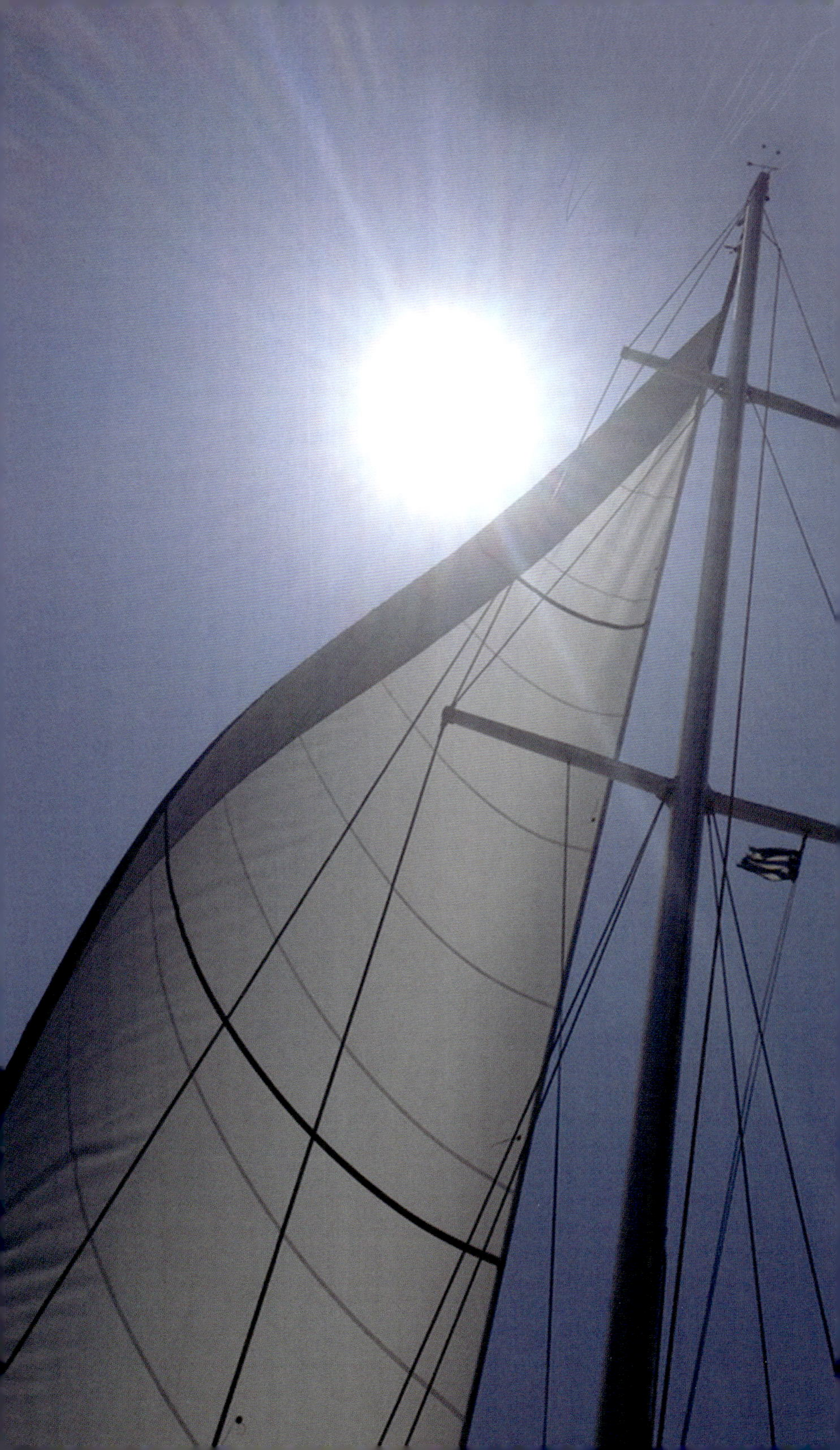

MARITIME BEGRIFFE

A

Abfallen Vergrößern des Winkels zwischen Windrichtung und Kurs

Achteraus, achtern Hinten, zum Heck des Bootes

Achterholer Leine, an der der Spinnakerbaum nach achtern geholt wird; auch Leine von einem Baum in Richtung Bug, die eine Patenthalse verhindern soll

Achterliek Achterliche Kante eines Segels

Achterlieksbändsel Leine, die dichtgeholt werden kann, um das Killen des Segels zu verhindern

Achterspring Festmacheleine, die ein längsseits liegendes Boot an Rückwärtsbewegungen hindert

Achterstag Drahttau vom Masttopp zum Heck, das den Mast davor bewahrt, nach vorn zu kippen

Achtknoten Knoten, der üblicherweise verwendet wird, um zu verhindern, dass das Ende einer Leine aus einem Block oder einer Leitöse ausrauscht

AIS Automatisches Identifizierungssystem zur Erkennung und Verfolgung des Schiffsverkehrs und zum Datenaustausch mit Schiffen in der Umgebung

Amwindkurs Kurs, bei dem der Wind vorlicher als querab einfällt, der aber nicht hoch am Wind ist

Amwindkurs Möglichst hoch am Wind gesegelter Kurs

Anker Schweres, krallenartiges Objekt an einer langen Leine oder Kette, das das Boot am Meeresgrund hält

Ankerplatz Ort/Stelle, an dem ein Boot sicher ankern kann

Ankerspill Gerät zum Einholen der Ankertrosse

Anlandig In Richtung auf das Land

Anluven Kursänderung in die Richtung, aus der der Wind kommt

Astern Rückwärts, hinter

Aufholer Leine zur Einstellung der Höhe des Spinnakerbaums
Aufkreuzen In einem Zickzackkurs gegen die Windrichtung segeln
Aufnahmeboje Kleine Boje an einer Muringboje, mit der letztere aufgenommen wird

B

Backbord Linke Seite des Bootes beim Blick zum Bug
Backbordbug Das Boot liegt über Backbordbug, wenn der Wind von der rechten Seite einfällt und die Segel an Backbord stehen
Backstag Stag zwischen Masttopp und Heck, das nach Bedarf dichtgeholt oder gefiert werden kann
Barometer Instrument, das den Luftdruck misst und anzeigt
Batterietrennschalter Schalter, der die Verbindung zwischen Batterie und elektrischer Anlage trennt
Baumniederhalter Strebe oder Talje, mit der der Großbaum nach unten gezogen und die Form des Großsegels verändert wird
Beaufortskala Messskala für die Windstärke
Beiboot Kleines Boot zum Transport von Menschen und Material zwischen dem Land und einem größeren Boot
Beidrehen Ein Boot aufstoppen, indem das Vorsegel nach Luv back gehalten wird und Großsegel und Ruder leewärts getrimmt werden
Betonnung System aus Bojen und Tonnen für Markierungszwecke
Bilge Tiefste Stelle im Boot, an der sich Wasser sammelt; in der Regel unter der Wasserlinie
Bilgepumpe Pumpe, mit der die Bilge entleert wird, auch Lenzpumpe genannt
Boje Schwimmendes, verankertes Objekt, das als Seezeichen, Warnzeichen oder zum Festmachen dient
Bootshaken Haken mit langem Griff, mit dem Mooringbojen oder andere Gegenstände im Wasser aufgenommen werden
Breite Breite des Boots am breitesten Punkt
Bug Das vordere Ende des Bootes
Bugkorb Meist aus Edelstahlrohr bestehendes Gestell am Bug, in dem sich die Crew festhalten kann
Bullenstander Leine, mit der der Großbaum gesichert wird, um eine Patenthalse zu verhindern

C

Cockpit Standort der Kontrollvorrichtungen einschl. Steuerrad und Instrumenten; in der Regel der sicherste Aufenthaltsort für die Crew im Heck des Bootes

Cunninghamleine Leine zum Anpassen der Spannung im Vorliek eines Segels

D

Dirk Leine zwischen Masttopp und Baumende, die den Baum hält, wenn das Großsegel nicht aufgeheißt ist

Dollbord Oberer Rand am Zusammentreffen von Deck und Bordwand

Dwarstau Festmacheleine, die direkt von der Mitte eines längsseits liegenden Bootes an Land führt

E

Ebbe Tidenstrom bei fallender Wasserhöhe.

Eindampfen in die Spring Ablegemanöver, bei dem das Boot unter Motor gegen eine Vor- oder Achterspring manövriert wird, so dass es vom Anleger weggedrückt wird.

EPIRB Emergency Position Indicating Radio Beacon, automatische Seenotfunkboje

F

Fahrt machen Ein Boot macht Fahrt, wenn es sich durchs Wasser bewegt

Fäkalientank Tank zum Sammeln des Abwassers aus der Toilette

Fall Leine oder Draht zum Aufheißen eines Segels

Fender Luftgefüllter Kunststoffzylinder, der über die Seite eines Bootes gehängt wird, um es vor Beschädigungen zu schützen, wenn es längsseits liegt

Festmacheleine Leine, mit der das Boot an einer Muringboje festgemacht wird

Fieren Allmähliches Ausstecken einer Leine oder eines Segels

Flut Tidenstrom bei steigendem Wasserstand

Fock Kleines dreieckiges Vorsegel

G

Gennaker Kreuzung zwischen Genua und Spinnaker für Vorwindkurse

Genua Großes Vorsegel, das das Großsegel überlappt

GPS System, das die Bootsposition mit Hilfe von Satellitendaten bestimmt

Grab-Bag Beutel mit Notausrüstung für den Fall, dass das Boot aufgegeben werden muss

Großbaum Horizontale Spiere am Mast

Großschot Die am Baum angeschlagene Leine, mit der das Großsegel getrimmt wird

Großsegel Das große Segel, das auf der achterlichen Seite des Masts aufgeheißt wird

H

Halbwindkurs Kurs, bei dem der Wind direkt über die Seite des Bootes einfällt

Hals Untere vordere Ecke eines Segels

Halse Segelmanöver, bei dem das Heck durch den Wind gedreht wird, so dass die Segel auf der anderen Seite stehen

Haltegriffe Handgriffe auf Kabinendach und an Deck zum Festhalten

Handpeilkompass Handkompasse zum Peilen

Heck Der hintere oder achterliche Teil des Bootes

Heckkorb Meist aus Edelstahlrohr bestehendes Gestell am Heck

J

Jackstag Straff gespannter Draht, an dem etwas gleiten kann; gemeinhin verwendet für die Sicherheitsvorrichtung an Deck, an der die Crew die Sicherheitsgurte »einpicken« kann

K

Kajütaufbau Erhöhter Decksteil, der für Stehhöhe im Salon sorgt

Kardinalzeichen Eine Art von Tonne zur Kennzeichnung einer Gefahrenstelle im Wasser

Klampe Beschlag zum Belegen von Leinen

Knoten Maß für die Fahrt; entspricht 1 sm/h

Kompass Navigationsinstrument, das die Richtung nach Norden, Süden, Osten und Westen in Bezug zur eigenen Position anzeigt. Die Winkel werden in Gradzahlen von 0 (Nord), 90 (Ost), 180 (Süd und 270 (West) dargestellt. Auf den meisten Segelyachten finden sich Magnetkompasse, die auf magnetisch Nord zeigen. Andere Kompasse wie elektronische Geräte und Gyrokompasse weisen nach rechtweisend Nord.

Kompasskurs Fahrtrichtung einer Yacht gemäß Kompassanzeige

Kompasssäule Hüfthoher Stand im Kompass mit Steuerrad, Kompass und anderen Instrumenten

Krängen Schräglage aufgrund der Einwirkung des Winds auf die Segel; normal für Segelboote und ausgeglichen durch das Gewicht des Kiels

Kurs zum Wind Fahrtrichtung eines Bootes in Relation zu seinem Winkel zum Wind

KVR Die Verkehrsvorschriften für alle Fahrzeuge auf See, vollständiger Titel: Internationale Regeln zur Verhütung von Zusammenstößen auf See.

L

Landstrom Stromversorgung aus dem öffentlichen Netz, per Kabel an Bord geliefert

Laufende Part Teil der Leine, mit der ein Knoten gesteckt wird

Lazy-Jacks Leinen zwischen Mast und Baum, die das Großsegel aufnehmen, wenn es niedergeholt und auf dem Baum abgelegt wird

Lee Vom Wind abgewandte Bootsseite

Leegierigkeit Von Leegierigkeit spricht man, wenn sich ein Boot unter Segel nach Lee orientiert; gilt als gefährlicher Konstruktionsmangel

Leevorhang Stabiler Stoff oder auch Brett an der Kante einer Koje, der das Herausfallen verhindert

Leitöse Verstärkter Ring oder Decksbeschlag, durch den eine Festmacheleine geführt wird, damit sie sich nicht verfängt oder schamfilt

Liegeplatz Stelle, an der das Boot in einer Marina oder im Hafen festgemacht hat

Logbuch Dokument, in dem alle nautischen Details eines Törns vermerkt werden

Logge Instrument zur Messung der Fahrt durchs Wasser und der zurückgelegten Strecke.

Luke Abdeckung über einer Öffnung im Deck, durch die man in eine Kabine gelangt

Lümmelbeschlag Universalgelenk, das den Baum mit dem Mast verbindet

Luv Jede Seite, auf der der Wind vorlicher als querab einfällt

Luvgierigkeit Liegt vor, wenn ein Boot sich unter Segeln automatisch in den Wind dreht; geringe Luvgierigkeit gilt unter vielen Seglern als gutes Konstruktionsmerkmal

Luvwärts Gegen die Windrichtung

M

Mastrollreff System, bei dem das Großsegel im Mast aufgerollt werden kann

Mayday Der internationale Notruf, der bei ernster, unmittelbarer Gefahr abgesetzt wird

Muring Dauerhafte Konstruktion, oft bestehend aus einer schweren Trosse oder Kette auf dem Grund mit einer Muringboje, an der das Boot festgemacht werden kann

N

Navigation unter Land Der Teil der Navigation, bei dem es um die Ein- und Ausfahrt von Häfen unter Nutzung von Karte, Kompass und Sichtbeobachtungen geht

Niedergang Stufen hinunter zum Salon; befindet sich meist am vorderen Ende des Cockpits

Niederholer Leine zum Niederholen eines Segels bzw. des Spinnakerbaums.

Notstopp Segelmanöver, bei dem das Boot durch Wenden schnell aufgestoppt wird, ohne mit den Segeln zu arbeiten

O

Oberliek Kopf eines Segels

P

Päckchen Zwei oder mehr längsseits nebeneinander liegende Boote

Palstek Knoten, mit dem am Ende einer Leine eine Schlinge gebildet werden kann

Pantry Küchenbereich eines Bootes

Peilung Am Kompass gemessene Richtung eines Objekts in Bezug auf die Bootsposition

Pinne Mit dem Ruderblatt verbundener langer Stab oder Hebel für das manuelle Steuern

Platt vorm Laken Kurs, bei dem der Wind direkt von achteraus einfällt

PLB Personal Locator Beacon, persönliche Rettungsboje

Poller Stabiler Pfosten an Land zum Festmachen von Leinen

Propellergang Seitwärtsbewegung durch die Drehung des Propellers

Q

Querab Im rechten Winkel zur Fahrtrichtung

Querschlagen bedeutet, dass ein Segelboot sich quer zu den Wellen dreht, sich auf die Seite legt und außer Kontrolle gerät; kann passieren, wenn auf Vorwindkurs eine plötzliche Bö einfällt und den Rudergänger unerwartet erwischt oder wenn die Segel nicht richtig getrimmt sind

R

Radar Ortungsgerät, das Objekte in der Umgebung entdeckt, in dem es Funkwellen aussendet, die von den betreffenden Objekten reflektiert werden

Radarreflektor Vorrichtung am Mast, die einfallende Radarimpulse an einen Radarempfänger zurücksendet

Raumachterlicher Kurs Kurs, auf dem der Wind achterlicher als querab einfällt

Raumschotskurs Kurs zwischen hoch am Wind und halbem Wind

Rechtsdrehen Änderung der Windrichtung im Uhrzeigersinn

Reffen Verkleinern der Segelfläche

Reffkausch Ringähnliche Öffnung im Segel für Reffleinen.

Reffknoten Auch Kreuzknoten genannt, dient zur Verbindung zweier gleichstarker Leinen wie auch der Reffbändsel am Segel

Reffleine Leine zum Reffen des Großsegels; sie zieht das Achterliek des Segels nach unten und wird dann dichtgeholt

Relingsdraht Sicherheitsvorrichtung an Deck, wird von Stützen gehalten

Relingsstützen Metallpfosten, an denen die Relingsdrähte befestigt sind

Rettungsboje Ein schwimmender Stab mit Flagge, der an einer Rettungsboje angebracht wird, damit sie besser zu erkennen ist.

Rettungsinsel Aufblasbares Floß, in das man sich begibt, wenn das Boot im Notfall verlassen werden muss

Rigg Tauwerk (Leinen und Drähte), das den Mast hält, wird zusammen als stehendes Gut bezeichnet; dazu kommen die Leinen, mit denen die Segel aufgeheißt und getrimmt werden, das laufende Gut

Rollreff Vorrichtung zur Verkleinerung der Segelfläche durch Aufrollen um das Vorliek, oft zum Trimmen des Vorsegels verwendet

Rollreffleine Leine in einem Rollreffsystem, mit der ein Segel eingerollt oder gerefft wird

Rollstek Knoten zum Anstecken einer Leine an eine Spiere oder eine andere Leine

Ruder Steuerfläche, mit der durch Bewegen das Boot gesteuert wird

Ruderrad Das »Lenkrad« des Bootes, mit dem das Ruder betätigt wird

Rundtörn und zwei halbe Schläge Knoten zum Anstecken einer Leine an einen Ring oder Pfosten

S

Saling Kleine Spiere, die sich vom Mast waagerecht nach außen erstreckt

Salon Wohnbereich in der Hauptkajüte

Schlepptrosse Leine zum Schleppen eines Bootes

Schot Leine am Schothorn eines Segels

Schothorn Hintere untere Ecke eines Segels

Schotstek Knoten zur Verbindung zweier gleich dicker Leinen

Schwimmsteg Schwimmende Plattform, an der Boote festmachen können

Schwojmuring Eine Art von Muring, bei der eine Trosse das Boot am Bug hält, so dass es frei mit Wind und Tide schwingen kann

Seekarte Karte für die Seefahrt mit Wassertiefen, Details des Meeresgrunds und Navigationshilfen

Seeventil Von Hand geöffnetes oder geschlossenes Ventil für eine Öffnung ober- oder unterhalb der Wasserlinie

Segellatten Holz- oder Kunststoffstreifen, die in Taschen im Segel stecken und das Achterliek versteifen

Selbstholer Winsch, die das Ende einer Leine hält, damit sie einhändig zu bedienen ist

Sicherheitsgurt Persönliches Sicherheitsgeschirr aus Gurten und Karabinerhaken

Signalkugel Pyrotechnisches Hilfsmittel, das ein helles Licht für Signal- oder Beleuchtungszwecke in Notfällen erzeugt

Sorgleine Leine zwischen dem Sicherheitsgurt und einem stabilen Punkt an Bord

Spannschraube Vorrichtung zum Verstellen der Spannung des stehenden Guts

Spiegel Flacher Teil des Rumpfes im Heck des Bootes

Spiere Allgemeiner Begriff für Masten, Bäume, Spinnakerbäume, Gaffeln und Rahen

Spinnaker Großes, fallschirmähnliche Vorsegel für Vorwindkurse

Spring Festmacheleine, die ein längsseits liegendes Boot an Vor- und Rückwärtsbewegungen hindert

Stag Teil des Drahttauwerks, das den Mast zum Bug und zum Heck hin abstützt

Stagreiter Metall- oder Kunststoffhaken zur Befestigung eines Segels am Stag

Steert Ende einer Leine

Stehende Part Der Teil einer Leine, der nicht zum Knüpfen eines Knotens verwendet wird

Stehendes Gut Fester Teil der Takelage einschl. Wanten und Stagen, der den Mast hält

Steuerbord Bei Blick zum Bug die rechte Bootsseite

Steuerbordbug Der Wind fällt über die linke Seite des Bootes ein

Steuervorrichtung Pinne oder Steuerrad

T

Tidenhub Vertikaler Abstand zwischen dem Wasserspiegel bei Hoch- und bei Niedrigwasser

Tidenstrom Durch das Steigen und Fallen der Tide verursachte Strömung.

Treibanker Geschlepptes Objekt, das bei Sturm die Fahrt durchs Wasser verlangsamen soll

Trennschalter Schalter, der die Batterie von der elektrischen Anlage trennt, damit die Batterie nicht entladen wird

Trimmen Ändern der Segelstellung durch Dichtholen und Fieren der Schoten

U

Überläufer Zum Überläufer kommt es, wenn das belastete Ende einer Leine sich quer über den Teil legt, an dem gezogen wird; dann klemmt die Winsch

UKW-Funk Zweiwegefunkverbindung für die Kommunikation auf See

Unterliek Unterkante eines Segels

Unterliekstrecker Leine, mit der die Spannung des Unterlieks des Großsegels geregelt wird, indem das Schothorn des Segels über dem Baum verstellt wird

V

Voraus Vorwärts, vor

Vordeck Decksbereich im Bug eines Bootes

Vordersteven Vorderster Teil des Bugs, der sich auf Holzbooten vom Kiel nach oben erstreckt

Vorleine Festmacheleine vom Bug nach vorn an Land

Vorliek Vorderkante eines Segels

Vorsegel Segel, das vor dem Mast aufgeheißt wird, darunter Fock, Genua und Spinnaker

Vorspring Festmacheleine, die verhindert, dass sich ein längsseits liegendes Boot nach vorn bewegt

Vorstag Stag (Leine oder Draht) vom Masttopp zum Bug, das den Mast hält

Vorwindkurs Jeder Kurs, auf dem der Wind achterlicher als querab einfällt

W

Wache System zur Einteilung der Crew in Schichten, von denen die eine sich um das Boot kümmert und Wache hält, während die andere ruht.

Wanten Stage, meist aus Drahttauwerk, die den Mast seitlich halten; Oberwanten reichen bis zum Masttopp, Unterwanten enden an einem tieferen Punkt, oft unterhalb der Salinge

Warpanker Leichter Anker für kurzzeitiges Ankern oder als zusätzlicher Heckanker

Waschbord Stecktür zum Verschließen des Niedergangs

Webeleinstek Leicht zu lösender Knoten zum Anbringen von Fendern an der Reling

Wechselrichter Gerät, das Gleichstrom zum Betrieb elektrischer Geräte in Wechselstrom umwandelt

Wegpunkt Position, die einen Wendepunkt auf einem Kurs oder einen wichtigen Punkt auf einer Route markiert, überwiegend genutzt in der elektronischen Navigation

Wende Segelmanöver, bei dem das Boot mit dem Bug durch den Wind schwingt

Windfaden Kurzes Stück Stoff am Segel, das anzeigt, wie der Wind über das Segel strömt

Winsch Trommel- oder zylinderförmige Vorrichtung zur Kraftverstärkung beim Dichtholen von Schoten und Fallen

Winschkurbel Eine Art Handgriff, der oben auf die Winsch gesetzt wird, um sie zu drehen

STICHWORTVERZEICHNIS